BWL kompakt

Die 100 wichtigsten Fakten

Prof. Dr. Helmut Geyer

Haufe

Inhalt

Vorwort

Fast alle Aufgaben in der Wirtschaft – aber auch in der Verwaltung – sind verbunden mit betriebswirtschaftlichen Fragestellungen: Was kostet das? Welche steuerlichen Auswirkungen hat diese Entscheidung? Wie lässt sich das Vorhaben finanzieren?

Dabei kommt es nicht so sehr auf wirtschaftliches Detailwissen an. Oft reicht es aus, die ökonomischen Ergebnisse und Folgen von technischen Problemlösungen und anderen Entscheidungen im Unternehmen abzuschätzen.

Die Betriebswirtschaftslehre befasst sich mit den einzelnen Wirtschaftseinheiten, den Betrieben, Unternehmen und Haushalten. Dabei steht die wirtschaftliche Seite der Unternehmen im Mittelpunkt der Betrachtung. Andere Bereiche werden nur insofern berücksichtigt, als sie Einfluss auf diese wirtschaftliche Seite haben. Die Konzentration auf Einzelwirtschaften unterscheidet die Betriebswirtschafts- von der Volkswirtschaftslehre, auch wenn diese beiden Gebiete der Wirtschaftswissenschaften eng miteinander verbunden sind.

Der vorliegende TaschenGuide soll Ihnen helfen, betriebswirtschaftlich fundierte Entscheidungen zu treffen.

Prof. Dr. Helmut Geyer

Chefsache Unternehmensführung

Unternehmensführung ist Chefsache! Führungsstärke wird vor allem daran deutlich, wie gut das Unternehmen als System gestaltet, gesteuert und überwacht wird. Und sie erfordert, eine Vielzahl von Kriterien – technische, wirtschaftliche, politische, ethische und soziale – als Gesamtheit zu betrachten und zu berücksichtigen.

Führung umfasst im Wesentlichen die drei folgenden Dimensionen:

- Entwicklung von Strukturen, d. h. Aufbau eines Organisationssystems und Gestaltung der Abläufe (S. 6 ff.),
- Steuerung der Phasen des Managementprozesses von der Planung bis zur Kontrolle (S. 21 ff.),
- Personalführung, also die Beziehungen zwischen Vorgesetzten und Mitarbeitern (S. 29 ff.).

Das Unternehmen organisieren

Organisation oder Disposition?

Ohne Organisation läuft nichts. Aber nicht alle Abläufe im Unternehmen lassen sich von vornherein organisieren. Deshalb stellt sich immer wieder die Frage, ob eine organisatorische Regelung oder aber eine Einzelfallentscheidung getroffen werden kann und soll.

> Fakt Nr. 1
> Vorgänge, die sich mit gewisser Wahrscheinlichkeit wiederholen, sollten durch Organisationsregelungen allgemein festgelegt werden. In Fällen jedoch, die unregelmäßig, selten und immer wieder unter anderen Rahmenbedingungen auftauchen, ist es sinnvoller, auf eine Einzelfallregelung, also die individuelle Disposition zu bauen.

Im Lauf der Zeit kann es sein, dass organisatorische Regelungen den Zwecken des Unternehmens nicht mehr genügen. Dasselbe gilt für Einzelfallregelungen. Sie sollten deshalb regelmäßig überprüfen, ob die bisherigen Vorgehensweisen noch zeitgemäß sind.

Beispiel

Die Frage, wie Eingangsrechnungen bearbeitet werden sollen, ist generell zu klären. Dazu gehört, dass im Vorfeld bestimmt wird, wer die Rechnung als sachlich richtig abzeichnet, wer die Zahlungsanweisung vornimmt und nach welchen Regeln die Rechnung verbucht wird. Nicht besonders sinnvoll ist es demgegenüber, eine Regel aufzustellen, die besagt, welche Routen Kundendienstmitarbeiter genau wählen sollten, wenn sie zu den Kunden fahren. Hier genügt die generelle Regel, unnötige Umwege zu vermeiden.

Vorteile eines hohen Organisationsgrades sind u. a.:

- Vereinfachung von Führungsaufgaben und damit eine Erhöhung der eigenen Kapazität,
- Rationalisierung von Abläufen und eine verbesserte Arbeitsteilung.

Dem stehen aber auch Nachteile gegenüber:

- Ein zu hoher Organisationsgrad schränkt die individuellen Spielräume ein und hemmt dadurch die Entwicklung kreativer Lösungsansätze.
- Schematisierung führt dazu, dass individuell zu lösende Probleme in ein vorgegebenes Raster gepresst werden.

Organisation und Disposition sollten sich im Unternehmen sinnvoll ergänzen. Einen „Königsweg" gibt es dabei nicht. Hier ist auf die konkreten Einflussfaktoren Rücksicht zu nehmen.

Abläufe organisieren

Basis jeder Entscheidung zur Unternehmensorganisation sollte eine gründliche Analyse der Abläufe im Betrieb sein. Im Kern geht es um die Frage: Wer tut was an welchem Objekt wo und wann?

„Structure follows process" – so lautet der Leitsatz. Zuerst sind die Abläufe zu erfassen und zu optimieren. Der Aufbau des Unternehmens soll dann die Verläufe ermöglichen und unterstützen. Er hat sich also den Abläufen anzupassen, nicht umgekehrt.

Hilfsmittel für diesen ersten Schritt könnten sein:

- Ablaufpläne
- Tabellen
- Strichlisten
- Checklisten

Ziel ist, den Arbeitsaufwand möglichst gering zu halten und dabei sicherzustellen, dass sämtliche Prozesse termingerecht ablaufen. Darüber hinaus sollte die Benutzerfreundlichkeit nicht zu kurz kommen.

Beispiel

Wie könnte der Prozess der zentralen Beschaffung von Kopierpapier aussehen?

Über eine Auswertung der bisherigen Bestellmengen oder über eine zentrale Bedarfsschätzung wird der Gesamtbedarf bestimmt. Es ist zu überlegen, ab welchem Restbestand eine Nachbestellung erforderlich ist. Der gesuchte Bestandswert hängt vom Verbrauch und den Lieferfristen ab.

Der Beschaffungsprozess könnte dann die folgenden Arbeitsschritte umfassen: (1) Das Lager informiert den Einkauf, wenn der Mindestbestand erreicht ist. (2) Die Einkaufsabteilung bestellt. (3) Das Lager schickt nach Wareneingang den abgezeichneten Lieferschein an den Einkauf. (4) Der Einkauf bestätigt die sachliche Richtigkeit der Rechnung und schickt sie an die Finanzabteilung. (5) Die Finanzabteilung überweist und verbucht. (6) Die Materialplanung legt künftige Plan-Bestellmengen fest und meldet die Plankosten an die Finanzabteilung.

Sie sehen, dass selbst ein scheinbar so einfacher Vorgang diverse Aktivitäten im Unternehmen erforderlich macht. Zur Planung und Organisation der Abläufe gehören

- die Erfassung der einzelnen Tätigkeiten,
- die Festlegung der Zeiten, die zur Verrichtung dieser Tätigkeiten erforderlich sind, und
- die Mittel und Wege, die dabei eingesetzt werden.

Es reicht also nicht aus, festzulegen, wer was zu tun hat.

Fakt Nr. 2
Es ist wichtig zu bestimmen, welche Informationen an wen weiterzuleiten sind. Wer muss wann und wie oft worüber informiert werden? Welche Informationen müssen in regelmäßigen Abständen übermittelt werden und welche nach dem Unter- oder Überschreiten bestimmter Grenzen?

Hierarchien bilden

In Unternehmen gibt es Abteilungen, Bereiche usw., die miteinander kommunizieren und die dazu dienen, die Unternehmensziele zu verwirklichen. Diesen Aufbau des Unternehmens sollte man nicht dem Zufall überlassen. Auf Basis der im vorigen Abschnitt geschilderten Ablauforganisation ist der hierarchische Aufbau des Unternehmens, die Aufbauorganisation, festzulegen. Dazu müssen vier Fragen beantwortet werden:

- Welche Stellen sollen geschaffen werden?
- Welche Befugnisse und Kompetenzen sollen mit diesen Stellen verbunden sein?

- Welche Verantwortlichkeiten sind den Stellen zuzuordnen?
- Wie sind die Beziehungen untereinander geregelt?

Voneinander zu unterscheiden sind die fachliche Anleitung, d. h. die Fachkompetenz, und die disziplinarische Unterstellung, d. h. die Anweisungsbefugnis. Im Idealfall trifft beides zusammen.

Es ist darauf zu achten, dass Entscheidungswege und Anweisungen eindeutig und aufeinander abgestimmt sind. Es darf nicht sein, dass Mitarbeiter „Machtspielchen" zwischen Vorgesetzten auszubaden haben. Generell sollten die Unterstellungsverhältnisse im Unternehmen schriftlich festgehalten werden. Das Gleiche gilt für fachliche Anleitungen.

Beispiel

Insbesondere bei Projektarbeiten kommt es vor, dass Mitarbeiter für besondere Aufgaben abgestellt werden, ohne dass ausreichend geklärt ist, wie sie dies mit ihren eigentlichen Arbeitsaufgaben in Übereinstimmung bringen können. Wenn darüber hinaus noch mehrere Vorgesetzte sich widersprechende Anweisungen geben, ist das Chaos vorprogrammiert.

Im Folgenden werden einige typische Organisationsformen vorgestellt.

Ein-Linien-System

Es gibt eindeutige Unterstellungsverhältnisse in der Form, dass jede untergeordnete Stelle, jeder Mitarbeiter, seine Weisungen genau von einer und nur von einer übergeordneten Stelle empfängt. Das führt jedoch bei größeren Unternehmen zu vielen Hierarchieebenen und damit langen Leitungswegen.

Mehr-Linien-System

Hier gibt es sogenannte Doppelunterstellungen je nach Aufgabengebiet. Dabei ist es extrem wichtig, dass genau abgestimmt ist, welche Entscheidungen von welcher vorgesetzten Stelle zu treffen sind. Die Zahl der Hierarchieebenen wird geringer, allerdings muss die interne Koordination gestärkt werden.

Stabsstellen

Beide oben genannten Systeme können durch Stabsstellen ergänzt werden. Stabsstellen sind Bereiche, die einem Vorgesetzten direkt zugeordnet sind und keine direkte Weisungsbefugnis auf dessen untergeordnete Stellen besitzen.

Beispiele

Typische Stabsstellen sind:

Assistenz der Geschäftsführung/Vorstandssekretariat

Rechtsabteilung

Organisationsabteilung

EDV/Rechentechnik

Controlling

Matrixorganisation

Die Matrixorganisation ist typisch für große Unternehmen. Hier wird die Verantwortung für bestimmte Sparten oder Produkte („senkrechte" Verantwortung) mit Querschnittsaufgaben wie Beschaffung, Fertigung oder Marketing kombiniert. Die Matrixorganisation ist sehr flexibel, bedingt allerdings einen sehr hohen Koordinierungsaufwand.

Beispiel

In einem Automobilkonzern werden die Produktgruppen Pkw, Lkw und Transporter gefertigt. Darüber hinaus gibt es je ein Tochterunternehmen in Tschechien und Spanien. Für den Erfolg jeder dieser Gruppen ist jeweils ein Mitglied des Vorstands verantwortlich („senkrechte" Verantwortung).

Darüber hinaus obliegen dem Vorstand die Aufgabenbereiche Finanzen, Personal, Marketing sowie Forschung und Entwicklung. Diese sind ebenfalls je einem Vorstandsmitglied zugeordnet. Jedes Vorstandsmitglied erfüllt die ihm zugewiesene Aufgabe quer über alle Sparten. Die so entstandene Matrix muss jedoch sehr gut koordiniert werden. Letztlich trägt die Verantwortung der gesamte Vorstand.

Projekte organisieren

Unabhängig von der bestehenden Aufbau- und Ablauforganisation können Einzelprojekte realisiert werden. Diese Projekte sind zumeist nicht in die dauerhafte Grundstruktur des Betriebes eingebunden, sondern zeitlich befristet und dadurch gekennzeichnet, dass Mitarbeiter abgeordnet und aus der bestehenden Hierarchie herausgelöst werden.

Beispiele

Sonderprojekte sind beispielsweise die Einführung einer neuen Softwarelösung, die Umstellung der Vertriebsorganisation oder die Einführung eines Qualitätssicherungssystems.

Fakt Nr. 3
Es gibt kein Patentrezept für eine optimale Organisation. Entscheidend sind die konkreten Gegebenheiten.

Entscheidungen treffen

Sieben Schritte zur Entscheidung

Um in der Wirtschaft Entscheidungen zu treffen, sind gewöhnlich die folgenden Schritte erforderlich:

1 Festlegen von Zielen,
2 Erkennen von Hindernissen, die dem Erreichen der Ziele entgegenstehen,
3 Suchen nach Lösungsvarianten,
4 Erstellen von Prognosen über die voraussichtlichen Wirkungen der gefundenen Lösungen,
5 Treffen der Entscheidung, d. h. Wahl der sinnvollsten Lösung,
6 Durchsetzen der getroffenen Entscheidung,
7 Kontrollieren, inwieweit die Ziele erreicht wurden.

Im Folgenden werden die sieben genannten Schritte im Einzelnen beschrieben. Zu beachten ist dabei generell, dass sie nicht immer systematisch und in der genannten Reihenfolge aufeinander folgen. Neue Informationen, Feedbacks usw. führen zu immer wieder neuen Konstellationen und zu neuen Entscheidungszwängen.

Ziele finden

Die erste Frage lautet: Was wollen wir erreichen? Die Sichtweisen können dabei durchaus differieren:

- Was erwarten die Eigentümer vom Unternehmen? Vor allem geht es hier um eine hohe Rendite auf das eingesetzte Kapital.
- Was erwarten die Kunden vom Unternehmen? In einer Marktwirtschaft muss das Unternehmen am Markt erfolgreich sein, also seinen potenziellen Kunden einen Nutzen anbieten.
- Wie will sich das Unternehmen im Hinblick auf die Mitbewerber positionieren?

Beispiele

Die Schall AG will unbedingt Marktführer beim Absatz von Lautsprechern in Deutschland werden und traut sich das aufgrund ihres Wirtschaftspotenzials auch zu.

Die Mühlenbrauerei GmbH kann nur einen regionalen Markt besetzen, will dort aber das Premiumsegment – auch hinsichtlich der Preise – bedienen.

Beim Export von Weingläsern geht die Glasmanufaktur Schwenker eine strategische Allianz mit dem renommierten Porzellanhersteller Nelkenberg ein.

- Welche Interessen weiterer Geldgeber (z. B. Banken) sind zu beachten?
- Wie können die Interessen der Mitarbeiter in die Gesamtinteressen des Unternehmens eingebunden werden?

Ziele sollten messbar sein, ansonsten läuft man Gefahr, schwammige Absichtserklärungen abzugeben.

Beispiel

Das Ziel „Verbesserung der Beratungsqualität" eines Kreditinstituts impliziert, dass man einerseits bisher nicht in hoher Qualität beraten hat, andererseits wird jeder betroffene Mitarbeiter immer von sich behaupten, dass die Qualität seiner Beratung bisher gut war.

Messbar ließe sich eine Größe wie die Beratungsqualität machen, indem man beispielsweise die Anzahl der vom Kunden stornierten Abschlüsse (als Zeichen seiner Unzufriedenheit) unter einen bestimmten Zielwert drückt. Zu beachten ist, dass viele Ziele voneinander abhängen, manche sich gegenseitig ausschließen oder auch wechselseitig fördern. Auf jeden Fall sollten die Ziele realistisch sein, da weder zu hoch noch zu niedrig angesetzte Ziele motivierend wirken.

> Fakt Nr. 4
> Ziele müssen messbar sein. Sie sollten sich außerdem in eine Zielhierarchie einordnen und müssen realisierbar sein, um motivierend zu wirken.

Wo liegt das Problem?

Zunächst sollten Sie sich über die momentane Lage und die angestrebte Situation im Klaren sein. Dabei ist zu beachten, dass auch die gegenwärtige Situation permanenten Änderungen unterworfen sein kann. Zwischen der Ist-Situation und dem angestrebten Ziel liegt das zu lösende Problem.

Checkliste: Probleme zerlegen

- Welches Problem muss zuerst gelöst werden?
- Welche Zusammenhänge gibt es zwischen den einzelnen Teilproblemen?
- Wie beeinflussen sich die Teilprobleme gegenseitig?

Varianten prüfen

Hier gilt es zu prüfen, welche Alternativen zur Verfügung stehen. Dies ist ein Schritt, der hohe Anforderungen an die Kreativität stellt. Eine beliebte Technik hierbei ist das Brainstorming.

Fakt Nr. 5
Ein Brainstorming läuft in zwei Phasen ab. Zunächst werden Ideen gesammelt. Hier kommt es in erster Linie auf eine hohe Zahl spontaner Lösungsvorschläge an. Kritik an Ideen oder Vorschlägen ist zunächst nicht gestattet. In einem zweiten Schritt, der Bewertungsphase, werden die gesammelten Ideen strukturiert und bewertet.

Bedeutsam ist, dass die Fragestellung exakt formuliert wird. Die Teilnehmer des Brainstormings – eine Zahl von bis zu zehn hat sich als sinnvoll erwiesen – sollten nicht zu eng mit der Bearbeitung des Problems befasst sein, da andernfalls die Gefahr besteht, dass bereits im Voraus bedachte Lösungen die Kreativität hemmen. Auf diese Weise haben auch „verrückte" Ideen Platz.

Nach der Bewertung der einzelnen Vorschläge gilt es, auf der Grundlage vorgegebener Kriterien (z. B. Kosten, Kapazitäten) eine Rangfolge zu erstellen.

Die folgenden Fragen sollten bei der Suche nach Alternativen beantwortet werden:

- Sind alle identifizierten Probleme durch die gefundenen Alternativen abgedeckt?
- Verstößt keine der ins Auge gefassten Lösungen gegen Prämissen, Ziele und Grenzen?
- Wie hoch ist die Wahrscheinlichkeit, dass die angenommenen Rahmenbedingungen auch eintreten?
- Wovon hängt die Realisierbarkeit ab?
- Sind die Alternativen unabhängig voneinander realisierbar?

Prognosen treffen

Welche Effekte werden wir erzielen? Da die Entscheidungen die Zukunft betreffen, muss abgeschätzt werden, wie wahrscheinlich es ist, dass die erwarteten Ergebnisse eintreffen.

Beispiel

In den meisten Fällen reicht es aus, zu unterscheiden, was bestenfalls (Best Case), schlimmstenfalls (Worst Case) und im wahrscheinlichsten Fall (Normal Case) eintreffen wird. Für die Einführung eines neuen Biermixgetränks namens „Tiramisu-Pils" könnte das z. B. bedeuten:

Best Case: Die Geschmacksrichtung der gewählten Zielgruppe junger Erwachsener wird genau getroffen und der Ausstoß kann bis zur Kapazitätsgrenze nach oben gefahren werden.

Worst Case: Die Geschmacksrichtung „Tiramisu-Pils" entwickelt sich nicht zum Renner und – schlimmer noch – der stark gewöhnungsbedürftige Geschmack bringt der gesamten Brauerei einen solch schlechten Ruf ein, dass selbst das klassische Sortiment nicht mehr abgesetzt werden kann.

Normal Case: Es werden sich einige Freaks finden, die selbst dieses Getränk konsumieren. Die Mehrheit der Kunden bleibt aber bei Bier der herkömmlichen Art.

Fakt Nr. 6

Die Qualität von Prognosen ist abhängig von der Breite des Zielkorridors und damit von der Wahrscheinlichkeit des Eintretens des erwarteten Ergebnisses. Je genauer ein Ziel getroffen werden muss, umso geringer ist die Wahrscheinlichkeit, dass das auch gelingt.

Beispiel

Die angepeilten Kosten pro Hektoliter dürfen maximal um 2 Prozent überschritten werden. Gerade in Anbetracht der Tatsache, dass bei einem neuen Produkt die tatsächlichen Absatzmengen nur schwer vorherzusagen sind, ist das eine extrem enge Zielgröße.

Entscheiden

Zahlreiche Vorentscheidungen werden bereits in der Phase der Planung getroffen. Solche Bestimmungen können oft delegiert werden, insbesondere dann, wenn es sich nur um Teilbereiche des Unternehmens handelt.

> Fakt Nr. 7
> Entscheidungen, die den Bestand und die Entwicklung des ganzen Unternehmens berühren, sind auf der obersten Führungsebene zu treffen.

Beispiele

Beteiligungen an anderen Unternehmen, die Ausweitung von Geschäftsfeldern, eine Expansion ins Ausland, Änderungen der Rechtsform, Verlagerung von Produktionsstandorten oder des gesamten Unternehmens ...

Entscheidungen durchsetzen

Entscheidungen zu treffen, ist die eine Seite. Letztlich müssen sie aber auch durchgesetzt werden! Insbesondere dann, wenn die Entscheidungsträger nicht diejenigen sind, die sie auch ausführen müssen, kann das schnell zu Problemen führen. Auch dann, wenn z. B. Kapitalgeber ein wesentliches Wort bei der Umsetzung mitzureden haben, können zwischen Entscheidungen und ihrer Durchsetzung Welten liegen. Die Chance, dass die getroffene Entscheidung auch zum gewünschten Erfolg führt, ist umso größer, je besser die Vorbereitung ist.

Beispiele

Die S & R GmbH plant die Zusammenführung von drei verschiedenen Standorten in einem neuen Objekt. In der Vorbereitung wurden die Mitarbeiter rechtzeitig informiert und Konsequenzen diskutiert. Der Vorstand führt ein *Jour fixe* ein, der im Abstand von zwei Wochen stattfindet und an dem der Stand des Projekts überprüft, Abweichungen sofort analysiert und Reaktionen in konkrete Maßnahmen umgesetzt werden.

Und nun das Gegenbeispiel. Die Behörde XY beschließt, das bisher „wilde" Parken auf dem Behördengrundstück durch eine Parkordnung zu ändern. Es sollen Stellflächen zugewiesen werden, die gegen eine angemessene Gebühr an die Mitarbeiter vermietet werden.

Nachdem die ersten Mitarbeiter die Maßnahmen aufgrund alter Gewohnheiten ignorieren, wird zunächst ein Angestellter mit der Durchsetzung beauftragt. Da dieser aber keinerlei Anweisungsbefugnisse hat, verläuft die Aktion im Sande ...

Sie sehen, dass allein das Treffen von Entscheidungen nicht ausreicht! Achten Sie auch auf das Klima im Unternehmen. Nicht jeder, den Sie mit der Durchsetzung von Maßnahmen beauftragen, ist dazu auch in der Lage und wird von seinen Kollegen akzeptiert.

Kontrolle

Es gilt, auch nach der Realisierung der Maßnahmen zu prüfen, ob das gewünschte Ziel erreicht wurde. Nur auf diese Weise kann man erkennen, ob das Vorhaben von Erfolg gekrönt ist. Darüber hinaus ist es entscheidend, nicht nur eine eventuelle Abweichung festzustellen, sondern auch die Ursachen dafür herauszufinden. Die Kontrolle ist umso leichter, je genauer und je besser messbar die Ziele definiert wurden.

So kann man z. B. veranlassen, dass neben dem üblichen monatlichen Kennzahlenbericht ein Sonderbericht verfasst wird, in dem besonders neuralgische Entwicklungen genauer unter die Lupe genommen werden. Gegenstände können sein:

- die Entwicklung bestimmter Kostenbestandteile im Vergleich mit dem Plan,
- die tatsächliche Auslastung von Engpasskapazitäten,
- die Prüfung des Arbeitsablaufs,
- die regelmäßige Optimierung des Sortiments nach Maßgabe der Produktdeckungsbeiträge
- und darüber hinaus alle Punkte, die Basis für die hier besprochenen wichtigen Entscheidungen waren.

Beispiel

Die Maschine zum Verschließen von Kartons hat sich als störanfällig und damit als Engpass erwiesen. In einem Kontrollbuch werden nun täglich die durchgeführten Wartungen und das Nachfüllen bestimmter Betriebsstoffe dokumentiert und so das Einhalten des Wartungszyklus kontrolliert. Jedoch ist es zwingend notwendig, zu prüfen, ob die geforderten Eintragungen auch vorgenommen werden und der Wahrheit entsprechen.

Steuern und Überwachen

Planen und Budget festlegen

Die Steuerung des Unternehmens ist Führungsaufgabe, also dem Management zuzuordnen. Allerdings erfolgt die Steuerung nicht im „luftleeren Raum" – die Entscheider benötigen dazu entsprechende Daten und Informationen. Dies ist der Aufgabenbereich des Controlling (siehe hierzu vor allem das Kapitel zum Thema Controlling, S. 231 ff.).

> Fakt Nr. 8
> Die zentrale Managementaufgabe „kontrollierte Steuerung des Unternehmens" beruht auf einer Vielzahl von Informationen. Diese Informationen werden von der Controllingabteilung zur Verfügung gestellt. Der Manager ist damit verantwortlich dafür, was geplant wird, und trägt die Verantwortung für das Ergebnis. Der Controller liefert die erforderlichen Daten und ist für strukturierte Aussagen zuständig. Er sorgt damit für die Transparenz von Ergebnissen, Prozessen und Strategien.

Bildlich könnte man die Verantwortung für die Unternehmenssteuerung etwa folgendermaßen ausdrücken:

- Der Manager ist der Kapitän auf dem Schiff und damit für die Gesamtheit vollständig verantwortlich.
- Der Controller ist der Lotse, der das Schiff zwar nicht selbst führt, aber die Untiefen und Einflussfaktoren genau kennt und dem Kapitän bzw. dem Steuermann (den Fachabteilungen) die wesentlichen Informationen zukommen lässt und Entscheidungsalternativen vorschlägt.

Die grundlegenden Instrumente der Unternehmenssteuerung sind die Planung und die Budgetierung.

Planung

Planung ist der Versuch, Entwicklungen in einem festgelegten Planungszeitraum fachgerecht vorauszusagen. Sie umfasst, im Gegensatz zu einer Prognose, auch das aktive Eingreifen in Prozesse.

Beispiel

Die S & R GmbH plant für das kommende Jahr einen Umsatz von 21,5 Mio. €, aufgeteilt auf drei Produktgruppen.

Der Bereichsleiter Produktion plant die Kapazitätsauslastung der Härtestraße, die sich immer wieder als Engpass erwiesen hat, für die einzelnen Monate des kommenden Jahres.

Ein Merkmal guter Planung ist, dass sie die Abhängigkeiten innerhalb des Unternehmens berücksichtigt und gleichzeitig die Verbindungen zum Markt beachtet.

Ausgangspunkt einer Unternehmensplanung ist der Markt. Zuerst muss also die Frage beantwortet werden: Was kann ich wo zu welchen Bedingungen absetzen? Nur durch Umsatz kann ein Unternehmen leben. Aber eng verflochten mit der Umsatzplanung ist die Planung der Kosten, der erforderlichen Kapazitäten (Material, Arbeitskräfte, Betriebsmittel) usw. Der beste Auftrag nützt wenig, wenn das Unternehmen aufgrund von Kapazitätsengpässen nicht fristgemäß liefern kann. Gleiches gilt, wenn erforderliche Aufwendungen wie z. B. der Einkauf der Zulieferteile im Vorfeld nicht finanziert werden können.

Beispiel

Die Kopier GmbH akquiriert eine örtliche Hochschule als zusätzlichen Kunden für Großaufträge, was zu einer deutlichen Erhöhung des Umsatzes führen wird. Sie plant deshalb die Anschaffung eines neuen schnellen Kopiergerätes. Die Anschaffung wird über einen Leasingvertrag finanziert. Das erhöht die laufenden Kosten ebenso wie der erhöhte Verbrauch an Toner. Eine erste Planung ergibt weiterhin, dass der erforderliche Platz für die Aufstellung bereits vorhanden ist.

Als nächsten Schritt fasst die Kopier GmbH den Aufbau einer Buchbinderei für wissenschaftliche Arbeiten ins Auge ...

Budgetierung

Planzahlen werden in Budgets umgesetzt. Damit wird den einzelnen Unternehmenseinheiten die Verantwortung für diejenigen Teilziele übertragen, die durch ihre Aktivitäten beeinflusst werden. Budgets bilden den Rahmen, innerhalb dessen die Budgetverantwortlichen eigenverantwortlich entscheiden können und dürfen.

Der Grundgedanke der Budgetierung besteht darin, Sollwerte vorzugeben, die später mit den Istwerten abgeglichen werden. Auf diese Weise werden Planabweichungen frühzeitig festgestellt und die Ursachen erkannt. So wird es möglich, Maßnahmen zur Gegensteuerung rechtzeitig einzuleiten.

Fakt Nr. 9
Einige Budgets sind so gestaltet, dass sie während der Planungsperiode keinesfalls geändert werden dürfen. Das betrifft diejenigen Bereiche, die für die Gesamtplanung des Unternehmens essenziell sind. Andere Budgets werden in Abhängigkeit von verschiedenen Parametern an neue Situationen angepasst (flexible Budgets).

Abgeleitet aus der langfristigen strategischen Planung des Unternehmens, werden Budgets überwiegend zur operativen Steuerung eingesetzt. Mithilfe der Budgetierung werden die einzelnen Teilbereiche eines Unternehmens aufeinander abgestimmt. Das Gesamtunternehmensziel ist dabei die Messlatte, an der sich alle Einzelbudgets zu orientieren haben. Budgetierung stärkt die Eigenverantwortung der Teilbereiche und dient als Basis zur Kontrolle von Abweichungen. Budgets sind nicht nur reine Kostenvorgaben, sondern sie umfassen auch die zugehörigen Leistungen. Das gilt insbesondere für innerbetriebliche Verrechnungen, bei denen keine Gelder zwischen den einzelnen Abteilungen fließen.

Beispiel

Der Bereich Materiallager bekommt als Budget Arbeitsleistungen der Instandhaltungsabteilung in Höhe von 75 Mannstunden zugeteilt, über die er verfügen kann. Da es sich um eine innerbetriebliche Leistung handelt, muss das Materiallager dafür nicht zahlen, jedoch werden ihm die in der Instandhaltungsabteilung anfallenden Kosten anteilig zugerechnet.

Die Zurechnung erfolgt im Rahmen der Verrechnung von Gemeinkosten über die Kostenstellenrechnung (siehe dazu S. 189 ff.).

Verfahren der Budgetierung

Die Art und Weise, in der die Budgets aufgestellt werden, ist oft entscheidend für die Akzeptanz, die diese bei den betroffenen Mitarbeitern finden. Die gängigen Budgetierungsverfahren sind:

- das retrograde Verfahren (Top-down),
- das progressive Verfahren (Bottom-up),
- das Gegenstromverfahren.

Beim Top-down-Verfahren erstellt das Management den Rahmenplan, der in den nachgeordneten Bereichen umzusetzen ist. Im Gegensatz dazu werden beim Bottom-up-Verfahren die Teilpläne der einzelnen Bereiche zentral koordiniert und zusammengefasst. Beide Verfahren haben den Nachteil, dass die Planungen nur mangelnd abgestimmt sind.

Beim Gegenstromverfahren wird, ausgehend von den unteren Ebenen, ein vorläufiges Gesamtbudget erstellt. (Auch ein Beginn auf der zentralen Managementebene ist möglich, aber weniger üblich.) Das Management stellt Abweichungen zu den vorhandenen Möglichkeiten fest und erarbeitet gleichzeitig mit dem vorläufigen Gesamtbudget Vorschläge für Änderungen. In einer abschließenden Runde wird dann das endgültige Budget festgelegt.

Budgetkontrolle

Wie eigentlich überall, sollte ein Prozess durch eine Kontrolle abgeschlossen werden. So auch bei der Budgetierung: Einerseits werden dabei Ist-Größen mit den Soll-Größen des Budgets verglichen, andererseits Ursachen von Abweichungen untersucht. Budgetierung und Kontrolle bilden damit eine sinnvolle Einheit.

Ein Vergleich von Soll- und Ist-Werten ist jedoch nur sinnvoll, wenn gleichzeitig überprüft wird, ob die Prämissen, die bei der Budgetierung als Entscheidungsgrundlage gedient haben, immer noch gelten.

Beispiel

> Der Fuhrpark hat eine deutliche Überschreitung der Kraftstoffkosten ausgewiesen. Die Prämissenkontrolle ergibt, dass die Diesel- und Benzinpreise durch in dieser Konsequenz nicht vorhersehbare politische Ereignisse innerhalb eines Jahres um mehr als 25 Prozent gestiegen sind.

Haben sich die Planungsprämissen geändert, dann ist es wenig sinnvoll, allein die Istkosten mit den Plankosten zu vergleichen. Hier sollte eine um die ursprünglich nicht vorhersehbaren Änderungen korrigierte Neuberechnung erfolgen.

Die Budgetkontrolle verläuft in vier Phasen:

1. Zunächst werden die Kontrollgrößen ermittelt, Soll und Ist gegenübergestellt und die Abweichungen festgehalten.
2. Nun werden die Ursachen der Abweichungen analysiert. Dazu spaltet man die Gesamtabweichung in „Teilabweichungen" auf, die nach Einflussgrößen und Herkunft bemessen werden.
3. In der dritten Phase werden die Abweichungen in Bezug auf ihre Ursachen, auf Verantwortlichkeiten und auf Konsequenzen eingeschätzt.
4. Jetzt gibt es zwei Möglichkeiten: Entweder werden Maßnahmen ergriffen, um wieder „auf Kurs" zu kommen, oder man passt die Ziele an die Abweichungen an. Letzteres wird stets dann der Fall sein, wenn klar ist, dass der ursprüngliche Plan nicht mehr erreicht werden kann.

Fakt Nr. 10
Eine regelmäßige Kontrolle vermeidet böse Überraschungen. Es reicht nicht aus, erst am Ende eines Planjahres zu überprüfen, inwieweit Pläne und Budgets eingehalten wurden. Je nach Wichtigkeit sollten die Überprüfungen bereits während des Jahres in vorher festgelegten Zeitabschnitten erfolgen.

In manchen Bereichen, die entweder nur geringe Schwankungen ausweisen oder die nur von untergeordneter Bedeutung sind, genügt es, die erreichten Werte nur einmal jährlich zu überprüfen. In anderen Bereichen ist es erforderlich, den Abgleich alle Monate oder gar in noch kürzeren Intervallen vorzunehmen.

Beispiele

Die Entwicklung von Mietkosten und der damit verbundenen Nebenkosten ist in der Regel gut einschätzbar. Hier reichen oft jährliche Vergleiche aus.

Die Vergabe von Fremdleistungen, z. B. für Reparaturen, kann größeren Schwankungen unterworfen sein. Um rechtzeitig Abweichungen zu erkennen, sollte man monatlich kontrollieren.

Insbesondere bei angespannter Finanzlage ist es erforderlich, die Zahlungen, die das Unternehmen zu leisten hat, und die Zahlungen, die es erhält, in noch kürzeren Abständen zu prüfen, um einen positiven Liquiditätsstatus zu erhalten.

Planung und Budgetierung sind eng mit dem betrieblichen Controlling verbunden. Darauf wird im Kapitel zum Thema Controlling (S. 231 ff.) eingegangen.

Vom Umgang mit den Mitarbeitern

Welcher Führungsstil ist der richtige?

Ein Unternehmen ist nur so gut wie seine Mitarbeiter. Ein Unternehmen wird geprägt von Menschen, nicht von Maschinen, Gebäuden und Grundstücken. Erst motivierte Mitarbeiter ermöglichen es, dass die angestrebten Ziele des Unternehmens überhaupt erreicht werden können.

Die Führung der Mitarbeiter ist damit eine der wohl wichtigsten Managementaufgaben. Aus diesem Grund wird dem Personalmanagement auch ein eigenes Kapitel (S. 113 ff.) gewidmet.

Fakt Nr. 11
Mitarbeiterführung ist nicht gleichzusetzen mit dem Begriff Personalwirtschaft. Während bei der Personalwirtschaft überwiegend die Verwaltung des Personals im Mittelpunkt steht, ist die Mitarbeiterführung vor allem durch die Art und Weise gekennzeichnet, in der Führungskräfte ihre Führungsfunktion ausüben.

Das Grundproblem der Mitarbeiterführung besteht in Folgendem: Einerseits sollen die Mitarbeiter veranlasst werden, ihren Beitrag zur Erreichung der Unternehmensziele zu leisten. Ihre Leistung prägt die Produktivität des Unternehmens. Andererseits wollen die Mitarbeiter auch ihre persönlichen Ziele erreichen, und das sollte ihnen auch ermöglicht werden. Solche persönlichen Ziele sind einerseits die gerechte Entlohnung, aber auch ideelle Zufriedenheit durch Anerkennung und Förderung.

Wie dieses Grundproblem im Unternehmen gelöst wird, hängt sehr stark vom Führungsstil ab. Die Art der Mitarbeiterführung und der Führungsstil sind geprägt von den persönlichen Eigenschaften der Führungsperson. Darüber hinaus gibt es aber noch weitere Faktoren, wie

- das allgemeine gesellschaftliche Umfeld,
- die Persönlichkeit der einzelnen Mitarbeiter,
- die Arbeitssituation.

Nicht in diesen Bereich fallen jedoch einzelne und für die jeweilige Führungsperson untypische Verhaltensweisen.

Beispiel

Auf dem Weg zur Arbeit hat der Abteilungsleiter Mayer einen kleinen Unfall verursacht. Der Sachschaden war zwar gering, aber der Ärger über seine Unachtsamkeit und den mit der Klärung der Formalitäten verbundenen Zeitverlust hat Herrn Mayers Adrenalinspiegel in die Höhe getrieben. In der anschließenden Teamsitzung wird er laut und ungerecht. Herrn Mayer deshalb generell einen Mangel an Teamfähigkeit zu attestieren, wäre sicherlich unangemessen.

In der Mitarbeiterführung gilt es, die Persönlichkeit des Mitarbeiters, das Arbeitsumfeld und die Zielvorstellungen des Unternehmens und des Mitarbeiters zu koordinieren. Dazu kommt, dass die Erwartungen der einzelnen Mitarbeiter an das Führungsverhalten ihres Vorgesetzten sehr unterschiedlich sein können.

Führungskraft und Personalpolitik

Neben den generellen Fragen des Führungsstils gehört zur Mitarbeiterführung auch die Personalpolitik. Zwar wird sich das Management eines Unternehmens in der Regel auf eine leistungsfähige Personalabteilung stützen können, aber die große Linie der Personalpolitik wird durch die oberste Führungsebene vorgegeben. Darüber hinaus gibt es für Führungskräfte einige Aufgaben, die sich nur sehr bedingt auf technische Abteilungen delegieren lassen. Dazu gehören u. a.

- das Mitarbeitergespräch und
- die Mitarbeiterbeurteilung.

Das Mitarbeitergespräch ist das wohl wichtigste Instrument der Mitarbeiterführung. Es kann auf allen hierarchischen Ebenen durchgeführt werden. Regelmäßige Mitarbeitergespräche dienen der Verbesserung der Beziehung zwischen dem Vorgesetzten und dem Mitarbeiter. Sie fördern die Offenheit und das gegenseitige Verständnis.

Anlässe für Mitarbeitergespräche können u. a. sein:

- der Ablauf einer bestimmten Frist im Arbeitsvertrag (z. B. Probezeit),
- Lob oder Kritik,
- bestimmte Karriereschritte,
- Konflikte,
- Umstrukturierungen im Unternehmen.

Das Mitarbeitergespräch kann in eine Mitarbeiterbeurteilung münden, jedoch ist solch eine formalisierte Beurteilung keinesfalls das Ziel eines jeden Mitarbeitergesprächs.

> Fakt Nr. 12
> Die Mitarbeiterbeurteilung ist Aufgabe des direkten Vorgesetzten und sollte in regelmäßigen Abständen durchgeführt werden. Der Vorgesetzte will wissen, wo sein Mitarbeiter steht und wie gut er seine Arbeit bewältigt. Der Mitarbeiter erhält die Chance, auf Defizite oder Wünsche aufmerksam zu machen.

Marketing mit Konzept

Ein Unternehmen lebt vom Verkauf seiner Produkte und Dienstleistungen. Demzufolge sollte das gesamte Unternehmen auf den Markt ausgerichtet sein. Es gilt, das herzustellen, was abgesetzt werden kann, nicht umgekehrt.

Kernstück des Marketings ist die Beantwortung der folgenden Fragen:

- Welche Produkte und Sortimente sind herzustellen? (S. 44 ff.)
- Wie werden die Preise gestaltet? (S. 55 ff.)
- Wie gelangt die Ware zum Kunden? (S. 59 ff.)
- Wie kommuniziert das Unternehmen mit seinen Kunden? (S. 62 ff.)

Den Markt analysieren

Vorgehensweise

Für eine strukturierte Vorgehensweise empfehlen sich die folgenden Schritte:

- Analysieren Sie zunächst die Ausgangssituation am Markt und teilen Sie den Markt in Segmente ein.
- Betrachten Sie Ihr eigenes Unternehmen: Wo liegen seine Stärken, wo aber auch seine Schwächen?
- Auf Basis dieser Situationsanalyse können Sie die Marketingziele formulieren. Gehen Sie dabei von den langfristigen strategischen Zielen des Unternehmens aus.
- Leiten Sie aus den Zielen den individuellen Mix der Marketinginstrumente ab.

Marktsegmente

Der Markt, auf dem Unternehmen ihre Produkte und Dienstleistungen absetzen, ist kein einheitliches Ganzes. Deshalb sollte er gedanklich zunächst in Segmente unterteilt werden, um anschließend zu entscheiden, ob sämtliche oder nur ausgewählte Bereiche bedient werden sollen.

Fakt Nr. 13
Ein Marktsegment ist ein abgrenzbarer Bereich des Gesamtmarktes, der mit bestimmten Waren bedient werden soll. Es ist gekennzeichnet durch relativ homogene Kundengruppen mit bestimmten Wünschen. Eine sorgfältige Segmentierung des Gesamtmarktes und auf die Segmente ausgerichtete Absatzstrategien sind Grundvoraussetzungen für wirtschaftlichen Erfolg.

Die einzelnen Marktsegmente verlangen zumeist auch ein differenziertes Herangehen im Marketing. So ist für jedes Segment einzeln zu klären, wie die Waren verteilt und auf welchen Wegen die Kunden angesprochen werden sollen. Auch die Preisgestaltung kann je nach Marktsegment unterschiedlich sein.

Beispiel

Je nachdem, wie die nationalen Abrechnungssysteme gestaltet sind, kosten Medikamente auch innerhalb der EU nicht das Gleiche.

Auch für Pkw gelten je nach steuerlicher Situation und nationaler durchschnittlicher Kaufkraft in den einzelnen Ländern verschiedene Preise.

In diesen Beispielen wurde der Markt nach geografischen Gesichtspunkten segmentiert. Auch andere Vorgehensweisen sind denkbar: Weit verbreitet ist z. B. die demografische Segmentierung. Hier erfolgt eine Einteilung in Kundengruppen nach bestimmten Merkmalen von Kunden, also beispielsweise die Altersgruppe „55 plus", die Gruppen weibliche oder männliche Kunden oder die Berufsgruppe Handwerker. All diese Kundengruppen können unterschiedliche Anforderungen stellen, zum Teil sogar an ein und dasselbe Produkt. Während die einen mit ihrer Kleidung die Zugehörigkeit zu einer bestimmten Gruppe dokumentieren wollen, legen andere Wert auf herausragende Qualität, gegebenenfalls verbunden mit einem Schuss Understatement, und eine dritte Gruppe trifft ihre Kaufentscheidung vor allem nach Maßgabe des Preises.

Ein weiteres Kriterium für die Marktsegmentierung könnten psychografische Aspekte sein, wie

- Einstellungen (konservativ, innovativ ...),
- Interessen (z. B. diverse Sportarten, Kunst, Garten ...),
- Wohngewohnheiten,
- Lebensgewohnheiten (Urlaubsgestaltung ...),
- Nutzung bestimmter Medien (Internet, Fernsehen ...).

> Fakt Nr. 14
> Entscheidend für den Markterfolg ist, dass die potenziellen Kunden einen Nutzen für sich erkennen und außerdem bereit und in der Lage sind, für diesen Nutzen einen angemessenen Preis zu zahlen.

Die Frage nach dem Bedarf

Auf dem Markt treffen alle aufeinander – Sie als Anbieter, andere Unternehmen, die gleiche oder ähnliche Produkte anbieten und damit für Sie als Wettbewerber in Erscheinung treten, und die Kunden. In den Fällen, in denen nicht direkt verkauft wird – und das ist die Mehrzahl –, kommen noch die Absatzmittler, d. h. Groß- und Einzelhändler, Makler usw., hinzu. Für Sie ist wichtig: Wie hoch ist der Bedarf, wo tritt er auf, und wann tritt er auf?

Checkliste: Bedarf ermitteln

Frage	ja	nein
Haben Sie neben den gegenwärtigen auch an potenzielle Kunden gedacht?		
Können Sie auch bei der Aufnahme neuer Kunden den Bedarf der bestehenden Kundschaft noch abdecken?		
Zeichnen sich Veränderungen des Bedarfs ab?		
Haben Sie neben der absoluten Höhe auch die regionale Verteilung des Bedarfs überprüft?		
Kennen Sie die Meinung der Verwender über Ihre Produkte?		
Gibt es Erwartungen hinsichtlich der von Ihnen angebotenen Produkte, die Sie (noch) nicht erfüllen können?		
Wie reagieren die Kunden auf Ihre Marketingaktivitäten?		

Fakt Nr. 15

Um den Bedarf zu ermitteln, reicht es nicht aus, lediglich die Aufnahmefähigkeit der Märkte zu bestimmen. Es sind auch sich abzeichnende Veränderungen sowohl des Nachfrageverhaltens, als auch hinsichtlich der Wettbewerber zu berücksichtigen. Bedenken Sie auch, dass es wirtschaftlich nicht immer lohnenswert ist, den gesamten Bedarf decken zu wollen!

Wesentliche Eckdaten im Zusammenhang mit der Bedarfsanalyse sind u. a.

- der Marktanteil,
- das Marktpotenzial (das gegenwärtige Marktvolumen zuzüglich einer geschätzten zusätzlichen Aufnahmefähigkeit des Marktes),
- das Marktwachstum (ein Prozentsatz, bezogen auf das gegenwärtige Marktvolumen) und
- das Absatzpotenzial (der Anteil am Marktpotenzial, den man selbst erreichen kann).

Wichtig für unternehmerische Entscheidungen ist darüber hinaus, inwieweit der Markt bereits gesättigt ist. Den Sättigungswert berechnet man, indem man das Marktvolumen durch das Marktpotenzial dividiert.

Beispiel

Bei einem gegenwärtigen Marktvolumen von 10 000 Kopiergeräten und einem Marktpotenzial von 10 200 Geräten beträgt der Sättigungswert etwa 98 Prozent. Der Markt ist damit nahe an seiner Sättigungsgrenze.

Das Unternehmen analysieren

Stärken und Schwächen

Um erfolgreich auf dem Markt agieren zu können, ist es wichtig, nach der Marktanalyse das eigene Unternehmen zu analysieren. Wo sind wir besonders stark? Wo haben wir eventuell noch Schwächen? Und vor allem: Wie gehen wir damit um?

Beispiel

Die Elysium AG, ein Hersteller von Schlafmitteln, weist seit Jahren hohe Gewinne aus, die nur zu geringen Teilen ausgeschüttet wurden. Der Cashflow ist ebenfalls positiv und die Liquiditätsreserven haben bereits die ansehnliche Höhe von 85 Mio. € erreicht. Kluge Finanzpolitik hat dazu geführt, dass die Kreditbelastung unterhalb von 30 Prozent des Branchendurchschnitts liegt.

In diesem Beispiel wird eine eindeutige Stärke deutlich: Das Finanzmanagement des Unternehmens ist gut organisiert, und ein bekanntes und beliebtes Produkt auf einem weiterhin aufnahmefähigen Markt führt zu einer hohen Finanz- und Ertragskraft.

Beispiel

Die Elysium AG hat festgestellt, dass 80 Prozent des Umsatzes mit dem Schlafmittel „Nirwana" erzielt werden.

Die Konzentration auf ein wesentliches Produkt kann gegebenenfalls kritisch sein. Wenn sich hier aus irgendwelchen Gründen (z. B. veränderte Zulassungsbestimmungen, neue Erkenntnisse zu von Nebenwirkungen) Probleme ergeben sollten, kann das die Existenz des gesamten Unternehmens bedrohen. Weitere Bereiche, die eine Betrachtung wert sind, können sein:

- Organisationsstruktur: gutes Prozessmanagement mit optimierten Kostenstrukturen, darauf abgestimmter schlanker Unternehmensaufbau und ein Schnittstellenmanagement, das Verluste verhindert,
- technologische Fähigkeiten: Neben der technischen Beherrschung der Prozesse und einer angemessenen Forschung und Entwicklung gehört dazu auch das fachliche Know-how der Mitarbeiter.

Die hier beispielhaft genannten Stärken sollten ausgenutzt werden. Jedoch ist zu beachten, dass es nur selten Unternehmen gibt, die auf allen Gebieten stark und führend sind. Zumeist sind Stärken auf dem einen Gebiet verbunden mit Schwächen in anderen Bereichen.

Fakt Nr. 16
Die Analyse der eigenen Stärken und Schwächen, vor allem im Verhältnis zu den Mitbewerbern, muss offen und ehrlich, auch gegenüber sich selbst erfolgen. „Schönrechnen" hilft niemandem, Ihnen als Unternehmer selbst am wenigsten!

Nicht immer ist auf den ersten Blick klar erkennbar, ob ein bestimmter Sachverhalt eine Stärke oder eine Schwäche ist. Das ist aber auch nicht von entscheidender Bedeutung. Wesentlich ist, dass man sich intensiv mit der Thematik auseinandersetzt und die eigene Situation analysiert.

Chancen und Risiken

Chancen und Risiken betreffen den externen Teil, also die Auseinandersetzung mit dem Umfeld des Unternehmens. Es geht darum, Dinge zu identifizieren, die das Unternehmen selbst nicht direkt beeinflussen kann. Wichtig dabei ist vor allem, schwer vorhersehbare Ereignisse aus der Unternehmensumwelt zu erkennen, deren Eintreten die Existenz des Unternehmens bedrohen könnten. Andererseits können solche Ereignisse aber auch Chancen bieten.

Beispiel

Der Ausstieg aus der Atomenergie, in Deutschland politisch gewollt, hat nicht nur Auswirkungen auf die Energiekonzerne selbst, sondern auch auf Zulieferer für die entsprechende Technik. Chancen ergeben sich aber dann, wenn auf alternative Energien umgeschwenkt werden kann.

Die Energiekonzerne als Betreiber haben aber keinen direkten Einfluss darauf, ob bestehende Atomkraftwerke weiter betrieben werden können oder ob gar neue gebaut werden dürfen.

Bereiche, die in die Betrachtung einbezogen werden sollten, sind u. a.:

- wirtschaftliche, gesellschaftliche und politische Veränderungen;
- Veränderungen in Bezug auf den Wettbewerb, also der Eintritt neuer Wettbewerber in den Markt, aber auch Veränderungen der Rahmenbedingungen (z. B. Einschränkungen der Handelsmöglichkeiten durch Embargomaßnahmen oder Handelsschranken);

- Veränderungen des Marktes,
- Veränderungen bei den Lieferanten.

Fakt Nr. 17
Die Analyse von Stärken und Schwächen des Unternehmens sowie von Chancen und Risiken, die sich aus seinem Umfeld ergeben, heißt SWOT-Analyse (Strengths & Weaknesses, Opportunities & Threats).

Das Unternehmen umfassend zu analysieren, bedeutet, sowohl die interne Unternehmenssituation als auch das Unternehmensumfeld in die Betrachtung einzubeziehen. Auf diese Weise können sowohl der interne Handlungsbedarf als auch mögliche Quellen von Wettbewerbsvorteilen erkannt werden.

Ziele setzen

Nachdem Sie die aktuelle Situation analysiert haben, geht es nun darum, die Sollsituation zu bestimmen: Welche Ziele sollen erreicht werden? Welche Rolle spielt dabei das Marketing? Denken Sie daran, dass die Marketingziele mit den Grundzielen des Unternehmens korrespondieren müssen.

Solche Unternehmensziele können sein:

- Erhöhung der Gewinnspanne,
- Senkung der Kosten,
- Steigerung des Umsatzes,
- Verringerung des notwendigen Kapitaleinsatzes.

So allgemein wie hier genannt sollte man die Ziele jedoch nicht formulieren. Nur wenn die Ziele in Form von messbaren Größen ausgedrückt werden, kann später überprüft werden, ob sie auch wirklich erreicht wurden!

Beispiele

- Erhöhung der durchschnittlichen Gewinnspanne auf 16 Prozent
- Umsatzsteigerung auf einen Jahreswert von 2,85 Mio. €
- Senkung der Personalkosten um 5 Prozent

Vergessen Sie nicht, neben Inhalt und Ausmaß der Ziele auch den geplanten Zeitraum festzulegen.

Aus den allgemeinen Unternehmenszielen lassen sich nun die Marketingziele entwickeln. Diese beziehen sich normalerweise auf Zielgruppen, Produkte, bestimmte Märkte und die dort erzielbaren Umsätze bzw. die Marktanteile.

Beispiele

- Platzierung des Schmerzmittels „Tantalus", um die einseitige Abhängigkeit vom Schlafmittel „Nirwana" zu verringern. Angestrebter Umsatz in Deutschland: 1,2 Mio. €
- Erweiterung der Vertriebsinfrastruktur in Mittelfranken durch einen zusätzlichen Handelsvertreter
- Start einer Direktmarketingkampagne unter Einbeziehung eines Callcenters. Angestrebte Umsatzerhöhung: 12 Prozent

Fakt Nr. 18
Marketingziele sollten immer so gesetzt werden, dass sie messbar, realistisch und widerspruchsfrei sind und dass sie im Einklang mit den allgemeinen Unternehmenszielen stehen. Bei komplexen Zusammenhängen empfiehlt es sich, Teilziele festzulegen.

Eine Marktstrategie entwickeln

Mögliche Marktstrategien

Prinzipiell gibt es keine in allen Fällen erfolgreiche Strategie. Je nach der Gesamtsituation sollte man sich für die eine oder die andere Variante entscheiden – und zwar auf der Basis einer genauen Betrachtung der entsprechenden (Teil-)Märkte.

Was sind nun die wesentlichen strategischen Ansätze, um am Markt erfolgreich zu sein? Einige werden in der folgenden Tabelle genannt. Bedenken Sie aber stets Folgendes: Erstens gehen die genannten Strategien manchmal ineinander über, und zweitens muss man seine Strategie manchmal wechseln.

Strategie	Merkmale
Gesamtmarkt-strategie	Sie entscheiden sich für eine vollständige Abdeckung des Marktes. Das bedeutet: Sie versuchen, sämtliche Kundensegmente mit entsprechend zugeschnittenen Produkten zu versorgen.
Selektive Strategie	Sie beschließen, nur einige ausgewählte Kundensegmente zu bedienen. Diese Bereiche werden mit speziellen, auf sie abgestimmten Produkten versorgt.
Marktspezialisierungsstrategie	Sie entscheiden sich dafür, nur ein Kundensegment, dieses aber mit ver-

	schiedenen Produktvarianten zu bearbeiten.
Produktspezialisierungsstrategie	Sie bieten ein Produkt für alle Kundensegmente an. Es soll unverwechselbar sein und zumindest einen Teil der Kunden aus jeder Gruppe ansprechen.
Nischenstrategie	Sie konzentrieren sich auf ein einzelnes Kundensegment mit einem ganz speziellen Produkt.

Quelle: Helmut Geyer, Praxiswissen BWL

Portfolioanalyse als Hilfsmittel

Zwei wichtige Kernelemente kennzeichnen wirtschaftliche Beziehungen und Zusammenhänge: Produkte und Märkte. Die Kombination von bestimmten Produkten und bestimmten Märkten nennt man Strategische Geschäftseinheiten (SGE). Die SGE sind dadurch gekennzeichnet, dass sie über ein ausreichendes Marktpotenzial verfügen und von anderen SGE relativ unabhängig sind.

Beispiel

Für einen Automobilhersteller ist der deutsche Privatkundenmarkt für Kompaktwagen eine SGE.

Für den Bio-Bauern ist die Direktvermarktung von Obst und Gemüse im eigenen Laden ebenso eine SGE wie die Lieferung von Weiderindern an den Hersteller von „Öko"-Wurst.

Für jede SGE gilt es nun, eine Marketingstrategie zu entwickeln. Dazu sollte man sich aber zunächst einmal klar machen, welche Bedeutung die einzelnen SGE für das Gesamtunternehmen haben. Ein Hilfsmittel dazu ist die Portfolioanalyse.

Fakt Nr. 19
Die Portfolioanalyse ist ein Element der strategischen Unternehmensplanung und -steuerung. Mit ihr beurteilt man jedes Geschäftsfeld dahingehend, wie es aktuell am Markt positioniert ist und wohin es sich in den nächsten drei bis fünf Jahren voraussichtlich entwickeln wird.

Ziel der Portfolioanalyse ist es, eine gute Balance zwischen etablierten und ertragsstarken Produkten einerseits und zukunftsträchtigen, aber risikobehafteten Produkten andererseits zu finden. Es gibt verschiedene Arten von Portfolien. Zu den bekanntesten und in der Wirtschaft am häufigsten genutzten zählen

- das Marktwachstums-Marktanteils-Portfolio und
- die Marktattraktivitäts-Wettbewerbsvorteils-Matrix.

Allen zu Eigen ist, dass die Produkte des Unternehmens in einem Koordinatensystem nach bestimmten Kriterien in verschiedene Felder eingeordnet werden. Je nach Zuordnung lassen sich unterschiedliche Strategien für die weitere Entwicklung festlegen.

Marktwachstums-Marktanteils-Portfolio

Die Matrix hat vier Felder, die einerseits das Wachstumspotenzial des Marktes und andererseits den relativen Marktanteil der Produkte des eigenen Unternehmens berücksichtigen.

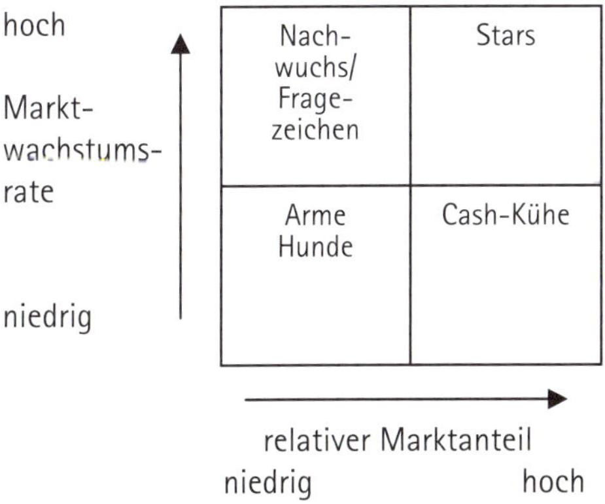

In diese vier Felder, die unterschiedliche Strategien erfordern, sollten Sie nun Ihre eigenen Produkte einordnen. Dabei empfiehlt es sich, durch unterschiedlich große Kreise (z. B. anhand des Deckungsbeitrags) die Bedeutung der Produkte für das eigene Unternehmen auch visuell deutlich zu machen.

Was sagen nun die einzelnen Felder der Matrix aus?

- Stars: Das sind Produkte mit einem hohen Marktanteil auf einem stark wachsenden Markt. Diese Produkte sind wichtig für die Zukunftssicherung, sie sollten deshalb gefördert werden. Allerdings ist zu beachten: Das starke Marktwachstum macht es erforderlich, erwirtschaftete Gewinne immer wieder neu zu investieren. Dadurch werden Stars nur selten einen positiven Cashflow für das Unternehmen generieren.
- Cash-Kühe: Der Markt ist nicht mehr sonderlich attraktiv, er wächst kaum noch oder stagniert sogar. Sie haben jedoch einen hohen Marktanteil erreicht und sollten nun die

Früchte ihrer Investitionstätigkeit ernten. Jedes Unternehmen braucht Cash-Kühe, um andere Bereiche zu finanzieren.

- Nachwuchs (Fragezeichen): Sie haben einen geringen Marktanteil, erreichen aber teilweise bereits hohe Wachstumsraten. Nachwuchsprodukte stehen in Bezug auf Akzeptanz oder Nichtakzeptanz auf den Märkten auf der Kippe – sie müssen genau beobachtet werden.
- Arme Hunde: Sie befinden sich in der sogenannten Sättigungsphase. Der Markt schrumpft und der Marktanteil ist gering (geworden). Die Stellung könnte nur mit riskanten und hohen Investitionen verbessert werden – ein Vorhaben, das wirtschaftlich kaum sinnvoll erscheint. Mittel- bis langfristig wird man sich von diesen Armen Hunden trennen. Aber sie haben auch einen positiven Aspekt: Da kaum noch investiert wird, ist der von ihnen generierte Cashflow zumeist positiv.

Ziel sollte sein, eine Mischung aus den genannten SGE im Portfolio zu haben.

Beispiel

Das Marktwachstums-Marktanteils-Portfolio eines Bekleidungsherstellers könnte folgendermaßen aussehen:

Stars: Ausrüstungen für den Outdoor-Bereich, wie regendichte Jacken, entsprechende Hosen, Funktionswäsche

Cash-Kühe: T-Shirts, Herrenhemden

Nachwuchs: Kleidung mit Wärmeelementen, die durch eingewebte Metallfäden direkt auf der Haut bei geringstem Energieeinsatz Wärme erzeugen.

Arme Hunde: Kittelschürzen

Fakt Nr. 20
Ziel sollte sein, im Portfolio eine Mischung aus den genannten SGE zu haben. Gewinnträchtige Produkte, die keine oder nur geringe Entwicklungschancen besitzen, benötigt man, um das Wachstum in anderen Bereichen finanzieren zu können.

Marktattraktivitäts-Wettbewerbsvorteils-Matrix

Hier wird versucht, die Attraktivität von Märkten und Wettbewerbsvorteile des eigenen Unternehmens in einen Zusammenhang zu bringen.

Beispiel

Wettbewerbsvorteile könnten u. a. sein: eingeführte Marke, gut ausgebaute Vertriebsorganisation oder Zugang zu speziellen Märkten, Preisvorteile bei der Beschaffung von Material, niedriges Lohnniveau.

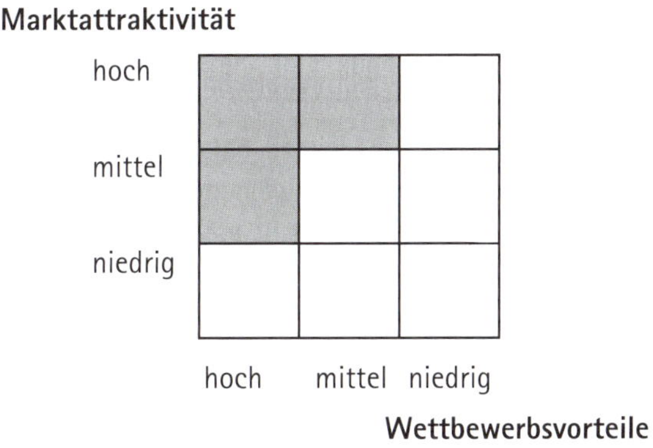

Für die insgesamt neun Felder dieses Matrizentyps lassen sich grundsätzlich die folgenden drei Strategiezonen unterscheiden:

- In den drei Feldern links oben werden Wachstums- und Investitionsstrategien empfohlen.
- In den drei Feldern rechts unten werden Desinvestitions- und Abschöpfungsstrategien vorgeschlagen.
- In den mittleren drei Feldern muss jeweils zwischen dem Ausbau der Aktivitäten und dem stufenweisen Rückzug entschieden werden.

Lebenszyklusanalyse

Produkte und Dienstleistungen durchlaufen verschiedene Phasen, in denen sich Umsatz und Gewinn unterschiedlich entwickeln. Überlegen Sie, in welcher Phase sich bestimmte Produkte des eigenen Unternehmens gerade befinden. Damit können Sie gut einschätzen, welche Strategie sinnvoll sein wird. Die einzelnen Phasen des Lebenszyklus sind:

- Einführungsphase: Der Umsatz steigt langsam an, die Gewinnschwelle wird am Ende der Einführungsphase erreicht und überschritten.
- Wachstumsphase: Stark steigender Umsatz, erste Konkurrenten betreten den Markt und übernehmen Teile des Umsatzes. Zunächst starker Anstieg des Gewinns, der sich dann aber abschwächt.

- Reifephase: Umsatzwachstum geht zurück und der Umsatz erreicht seinen absoluten Höhepunkt. Auch der Gewinn pendelt sich auf einem bestimmten Niveau ein.
- Sättigungsphase: Beginnender Umsatzrückgang und rückläufiger Gewinn.
- Rückgangsphase: Stark rückläufiger Umsatz und Gewinn, später Verluste.

Nicht alle Produkte müssen zwangsläufig alle Phasen durchlaufen.

Beispiele

Klassische Fotoapparate befinden sich in einer stark geprägten Rückgangsphase. Voraussichtlich wird nur noch ein Nischenmarkt bestehen bleiben.
Automatische Abstandshalter bei Autos, die einen konstanten Abstand zum Vordermann durch aktiven Eingriff in den Gas- und Bremsvorgang des eigenen Autos halten, befinden sich zunächst in der Oberklasse in der Einführungsphase. Es ist noch nicht abzusehen, ob sich solche Systeme auf breiter Front durchsetzen werden.

Operative Marketinginstrumente – der Marketing-Mix

Marketing-Mix – was ist das?

Ihnen stehen verschiedene marktpolitische Instrumente zur Verfügung, um auf dem Markt erfolgreich zu sein.

Fakt Nr. 21
Die Marketinginstrumente stammen aus den Bereichen
- Produkt- und Leistungspolitik,
- Preis- und Konditionenpolitik (auch Kontrahierungspolitik),
- Kommunikationspolitik,
- Distributionspolitik.

Die Gesamtheit der operativen Marketinginstrumente wird als Marketing-Mix bezeichnet. Es geht also um die Beantwortung folgender Fragen:

- Welcher Nutzen lässt sich für den Kunden erzielen? Der Kunde muss in den angebotenen Produkten und Dienstleistungen einen Nutzen für sich selbst erkennen, andernfalls wird er nicht bereit sein, Geld dafür auszugeben.
- Zu welchem Preis kann ich verkaufen? Der Preis bildet sich durch Angebot und Nachfrage auf dem Markt. Als Anbieter haben Sie aber die Möglichkeit, durch Rabatte, besondere Zahlungsbedingungen usw. darauf Einfluss zu nehmen.
- Wie erreiche ich meine Kunden? Wie kann ich den Kunden die Vorzüge meiner Angebote verdeutlichen?
- Wie gelangt die Ware letztlich zum Kunden?

Das Produkt arrangieren – Die Produktpolitik

Zunächst erscheint die Frage einfach: Natürlich wissen Sie, welche Produkte und Dienstleistungen Sie anbieten. Aber wissen Sie auch, wie der Markt darauf reagiert? Erwarten die

Kunden vielleicht etwas ganz anderes von Ihnen? In der Produktpolitik wird festgelegt,

- welche Produkte vom Unternehmen
- in welchen Mengen und
- mit welchen Zusatzleistungen

auf dem Markt angeboten werden. Worüber sollten Sie sich also Gedanken machen?

Produktprogramm

Einerseits geht es hier um die Programmbreite, also darum, wie breit Ihr Sortiment sein sollte. Andererseits spielt aber auch die Produkttiefe, d. h. die Anzahl verschiedener Ausführungen einer Produktart, eine Rolle.

Beispiel

Moritz Löffler, gelernter Koch, hat ein Restaurant eröffnet. Er versucht, es allen Kunden recht zu machen. Bereits am frühen Morgen bietet er Frühstück für Frühaufsteher (oder Spätheimkommer) an. Danach geht es sofort an die Vorbereitung des Mittagstischs. Sein Ehrgeiz besteht darin, mindestens 30 verschiedene Gerichte anzubieten. Und über die Nachmittagskaffeezeit geht der Tag fließend in das Abendgeschäft über. Bald merkt Moritz Löffler, dass all das nicht zu schaffen und teilweise mit Qualitätseinbußen verbunden ist.

Sein Kollege Max Gabler schlägt eine andere Strategie vor: „Du bist schon immer ein Spezialist für leichte Küche gewesen. Spezialisiere dich darauf, biete vier bis fünf Grundgerichte in entsprechenden Variationen an! Und überlasse das Frühstücksgeschäft der Studentenkneipe nebenan."

Hier steht also ein sehr breites Sortiment einem spezialisierten Sortiment mit entsprechenden Varianten (Sortimentstiefe) gegenüber. Welche der beiden Varianten die sinnvollere ist, lässt sich nicht pauschal sagen.

Produktgestaltung

Ebenso ein Teil der Produktpolitik ist die Produktgestaltung, die Aspekte der Produktqualität und der äußeren Aufmachung des Produkts umfasst. Unter Produktqualität versteht man die technisch-konstruktiven Eigenschaften eines Produkts, z. B. die Gebrauchstüchtigkeit und die Haltbarkeit.

Beispiel

Ein After-Shave-Balsam soll die Haut nach der Rasur wieder beruhigen. Neben den kosmetischen Eigenschaften hat aber auch noch etwas anderes eine Bedeutung: Der Flakon sollte äußerlich so beschaffen sein, dass er auch mit nassen Händen gut zu greifen ist. Und bestimmte ästhetische Ansprüche muss er auch erfüllen.

Produktentscheidungen sind zumeist strategische Entscheidungen – sie lassen sich nicht ohne weiteres wieder rückgängig machen. Man kann sein Sortiment nicht ständig ändern, schon aus technischen Gründen nicht, und wirtschaftlich besonders sinnvoll ist solch ein Vorgehen auch nicht.

Fakt Nr. 22
Man muss nicht immer gleich das gesamte Sortiment umstellen, wenn sich Rahmenbedingungen (z. B. das Kundenverhalten) ändern. Typische andere Möglichkeiten sind:
- Differenzierung durch zusätzliche Ausstattungen oder Sondermodelle,
- Anpassung bestehender Produkte an spezielle Ansprüche (Variationen),
- Modifikation einzelner Produkte oder Bauteile,
- Ergänzung bestehender Sortimente,
- Reduktion um Angebote, die nicht mehr ausreichend nachgefragt werden.

Bedenken Sie: Jede Ausweitung des Programms birgt die Gefahr in sich, dass überproportional viele Vorräte und Ersatzteile vorgehalten werden müssen. Andererseits sollte man den Rotstift nicht zu schnell ansetzen. Oft dienen bestimmte Produkte und Dienstleistungen als notwendige Ergänzung anderer Angebote und machen das Kerngeschäft überhaupt erst möglich. Oder können Sie sich eine Bank vorstellen, die keinen Zahlungsverkehr ausführt?

Preis und Konditionen festlegen – Die Konditionenpolitik

Konditionenpolitik bedeutet nicht allein, die Preise zu bestimmen. Sie umfasst vielmehr auch

- die Rabattpolitik,
- die Kreditpolitik und
- die Liefer- und Zahlungsbedingungen.

Der Preis wird generell durch Angebot und Nachfrage auf dem Markt bestimmt. Eine rein kostenorientierte Preisbildung, bei der sich der Preis aus den erfassten Kosten zuzüglich eines Gewinnaufschlags ergibt, muss von den Kunden akzeptiert keinesfalls werden. Wenn diese das Produkt als „zu teuer" empfinden, werden sie es nicht kaufen.

> Fakt Nr. 23
> Denken Sie daran: Jede Preisänderung, egal ob nach oben oder nach unten, muss auf einem nachvollziehbaren Grund beruhen, um akzeptiert zu werden.

Preiserhöhungen sollten immer mit einer Wertsteigerung, also einem erhöhten Nutzen für den Kunden verbunden sein. Eine alleinige Begründung mit gestiegenen Kosten, z. B. mit gestiegenen Rohstoffpreisen, erweckt immer Misstrauen und führt meist zu Unzufriedenheit.

Zu überlegen ist auch, ob an die Stelle einer generellen Preiserhöhung eine differenzierte Preisgestaltung treten könnte. Das ist immer dann möglich, wenn sich

- bestimmte Teilmärkte (z. B. Inland/Ausland, Süd- oder Norddeutschland) oder
- bestimmte Zielgruppen (z. B. Jugendliche, Generation 50 plus, Kunden aus dem städtischen oder ländlichen Raum) oder
- bestimmte Produktvarianten

voneinander abgrenzen lassen.

Rabattpolitik

Durch Rabatte werden die Preise nicht generell gesenkt, einzelne Kunden oder Kundengruppen werden aber bevorzugt. Das geschieht z. B. mithilfe von Mengenrabatten oder Rabatten an Großverbraucher.

Beispiel

Der Textilhändler verkauft Pullover zum regulären Preis von 20 € pro Stück. Beim Kauf von drei Pullovern wird dem Kunden auf den dritten Pullover ein Rabatt von 50 Prozent eingeräumt.

Was hier so großzügig aussieht, ist in Wahrheit ein effektives Instrument der Verkaufsförderung. Da der Rabatt nur gewährt wird, wenn mindestens drei Pullover gekauft werden, verteilt sich der Nachlass auf drei Stücke, beträgt also nur knapp 17 Prozent. Darüber hinaus wird der eine oder andere Kunde, der eigentlich nur einen einzigen Pullover kaufen wollte, nun mit drei Kleidungsstücken im Einkaufsbeutel nach Hause gehen.

Andere Rabattformen sind

- Treuerabatte,
- Rabatte an eigene Mitarbeiter,
- Barzahlungsrabatte (Skonto).

Kreditpolitik

Immer dann, wenn nicht sofort gezahlt werden muss, gibt der Lieferant einen Kredit – den Lieferantenkredit. Er räumt ein Zahlungsziel, z. B. vier Wochen, ein. Auch wenn die Ausnutzung des Zahlungsziels für den Käufer nicht mit der Zahlung von Zinsen verbunden ist, zahlt er dennoch indirekt etwas dafür.

Gewährt der Lieferant einen Barzahlungsrabatt, so verzichtet der Käufer, der das Zahlungsziel ausschöpft, auf ein Skonto von üblicherweise 2 Prozent. Aber auch dann, wenn Skontoziehung nicht gestattet ist, wird der Verkäufer seinen Finanzierungsaufwand für die Zeit, bis er den Rechnungsbetrag voraussichtlich erhält, in seiner Preiskalkulation berücksichtigt haben.

Beispiel

Nicht nur gegen die guten Sitten verstößt, wer sich auf folgende Weise ungerechtfertigte Vorteile verschafft: Man zahlt eine Rechnung zunächst nicht, lässt sich mahnen und anschließend, wenn die Zahlung sich nicht mehr weiter aufschieben lässt, zieht man noch 2 Prozent Skonto ab.

Wer so handelt wie in diesem Beispiel, betrügt und muss mit einer Klage rechnen.

Andere Kreditformen sind:

- der Teilzahlungskredit, also die Zahlung in Raten,
- das Leasing und der Mietkauf, also die Überlassung der Ware zur Nutzung gegen eine mietähnliche Zahlung.

Sonstige Zahlungs- und Lieferbedingungen

In diesen Bereich fallen z. B. die kostenlose Anlieferung und die Entsorgung von Altgeräten, Umtauschmöglichkeiten, Garantiebestimmungen, Konventionalstrafen bei verspäteter

Lieferung, Mindestabnahmemengen oder Mindermengenzuschläge.

Fakt Nr. 24

Neben dem eigentlichen Preis eines Produkts oder einer Dienstleistung haben eine ganze Reihe weiterer Bedingungen (Konditionen) Einfluss auf das Kaufverhalten potenzieller Kunden. Dazu gehört die Gestaltung der Zahlungsbedingungen ebenso wie Leistungen nach dem Kauf (z. B. die Gewährung einer Garantie). All diese Faktoren werden unter der Bezeichnung Konditionenpolitik zusammengefasst.

Welcher Vertriebsweg? – Die Distributionspolitik

Die Wege der Produkte und Dienstleistungen zum Käufer sind nicht immer direkt. Groß- und Einzelhändler, Handlungsreisende, Vertreter und viele andere spielen dabei eine Rolle. Grundsätzlich ist zu unterscheiden zwischen

- direkten Absatzwegen und
- indirekten Absatzwegen.

Eine Sonderform der Vertriebswege ist das Franchising. Dabei erhält der Franchisenehmer gegen eine Gebühr die Lizenz, ein bestimmtes Sortiment zu vertreiben.

Beispiel

Die meisten Fast-Food-Ketten sind nach dem Franchising-Prinzip aufgebaut. Die Betreiber der Restaurants sind selbständig und arbeiten auf eigene Rechnung und eigenes Risiko. Sie können die eingetragene Marke und ein eingespieltes logistisches System nutzen. Zum Erfolg führen müssen sie es aber selbst.

Der direkte Absatzweg

Hier tritt der Produzent auch als unmittelbarer Verkäufer gegenüber dem Endverbraucher auf. Diese Vorgehensweise ist im Wesentlichen mit drei Vorteilen verbunden. Erstens ist die Nähe zum Endverbraucher größer, zweitens verringert die Einsparung von Zwischenhändlern tendenziell die Absatzkosten, und drittens lässt sich die Abhängigkeit vom Handel verringern. Andererseits entstehen beim direkten Absatzweg höhere eigene Logistikkosten und die Abhängigkeit von der Konjunktur ist größer.

Wann ist der direkte Absatzweg sinnvoll? Die Beantwortung dieser Frage ist in erster Linie von den damit verbundenen Kosten abhängig. Generell ist aber festzustellen, dass man zumindest darüber nachdenken sollte, wenn

- die Anzahl der Abnehmer begrenzt ist,
- die Abnehmer in einem räumlich begrenzten Gebiet zu finden sind,
- die Nachfrage nach den angebotenen Leistungen relativ konstant ist.

Darüber hinaus empfiehlt sich der direkte Absatzweg immer dann, wenn Ihre Leistungen stark erklärungsbedürftig und kompliziert sind oder wenn Sie einen starken Kundendienst anbieten müssen. Häufig ist das bei Investitionsgütern der Fall.

Der indirekte Absatzweg

Beim indirekten Absatzweg steht mindestens ein Absatzmittler zwischen dem Produzenten und dem Endverbraucher. Als Absatzmittler dienen Groß- und Einzelhandel, deren Aufgabe es u. a. ist, die geografische und zeitliche Distanz zwischen Hersteller und Verbraucher zu überbrücken. Darüber hinaus ist es möglich, durch die Abstimmung des Sortiments, d. h. durch das Angebot von Waren verschiedener Hersteller, die anvisierten Käufergruppen besser anzusprechen.

Beispiele

Ein Technologieunternehmen stellt u. a. Lasermessgeräte zur Geschwindigkeitskontrolle her. Der Absatz erfolgt direkt an die Verkehrspolizei bzw. an die Ordnungsämter der Städte.

Das Porzellanwerk Nelkenberg verkauft sein hochwertiges Tafelporzellan weltweit über ausgewählte Fachhändler, also indirekt. Der Werksverkauf am Ort des Herstellers ist zwar eine Form des direkten Vertriebs, dient jedoch nur zur Ergänzung.

Das Mühlenwerk Müller & Co. GmbH stellt Weizenmehl her. Dieses wird über den Backmittelgroßhandel an Bäckereien und darüber hinaus in Form diverser Handelsmarken über große Lebensmittelketten vertrieben.

Zur Distributionspolitik gehört neben der Wahl des Absatzweges aber noch ein anderes Gebiet, die Distributionslogistik. Darunter versteht man einerseits die Organisation der Auftragsabwicklung im Unternehmen und andererseits das gesamte Feld der Organisation des Lager- und Transportwesens. Dabei sind z. B. folgende Fragen zu beantworten:

- Welchen Weg geht ein Auftrag im Unternehmen von der ersten Anfrage bis zur Lieferung der Ware?
- Wie lange dauert die Bearbeitung?
- Wo befinden sich Auslieferungslager?
- Wer führt die Transporte aus?
- Was ist der wirtschaftlichste Transportträger?

Fakt Nr. 25
Die Distributionspolitik entscheidet über die Vertriebswege. Die wichtigste Frage lautet: direkter oder indirekter Vertrieb? Darüber hinaus ist die Vorgehensweise in der Distributionslogistik zu klären.

Wie spricht man den Kunden an? – Die Kommunikationspolitik

Die Kommunikationspolitik umfasst sämtliche Gesichtspunkte des Kontakts mit dem Kunden, z. B. den Aufbau eines bestimmten Firmenimages, die Erreichbarkeit des Unternehmens, etwa um Fragen von Kunden zu beantworten oder Hilfestellung bei technischen Problemen zu geben, aber auch um Beschwerden entgegenzunehmen.

Die wichtigsten Fragen bei der Gestaltung der Kommunikationspolitik sind in der folgenden Checkliste aufgeführt.

Checkliste: Fragen für eine gute Kommunikation

- Welche Botschaft wollen Sie senden?
- Wer ist der Empfänger der Botschaft, also die Zielgruppe?
- Welche Kommunikationsmittel wählen Sie aus?
- Welches Image entsteht durch die Kommunikation?
- Welche Werbemittel sind sinnvoll?
- Stehen die Formen der Kommunikation mit den verschiedenen Absatzwegen in Übereinstimmung?

Ein Hauptmittel der Kommunikation ist die Werbung.

Fakt Nr. 26
Werbung hat zwei grundlegende Funktionen. Einerseits soll sie informieren, andererseits soll sie zum Kauf anregen, also motivieren.

Unter der Informationsfunktion kann man u. a. verstehen,

- den Namen des Produkts, der Dienstleistung oder des Anbieters bekannt zu machen,
- wesentliche Eigenschaften des Angebotes zu verdeutlichen,
- mögliche Verwendungszwecke zu erläutern bis hin zu Gebrauchsanweisungen oder Rezepten.

Wesentliche Maßnahmen, um den Kunden zum Kauf zu bewegen, sind:

- eine bedarfsgerechte Präsentation,
- Aktivitäten, die beim Kunden den „Bedarfsdruck" erhöhen, d h. den Wunsch, das Produkt zu besitzen.

Aber nicht jedes Werbemittel ist für alle Produkte und alle Zielgruppen gleichermaßen geeignet.

Beispiel

Bei der Eröffnung eines Friseursalons sind folgende Werbemedien denkbar: Zeitungsanzeigen, Werbedrucksachen in der Umgebung des Salons, eine Schaufenstergestaltung, die auf die baldige Öffnung hinweist.

Soll bundesweit ein neues koffeinhaltiges Getränk eingeführt werden, so bieten sich hierzu Werbespots im Fernsehen oder Kino, Plakate, großformatige Anzeigen und Verkaufsveranstaltungen in Supermärkten mit Gratisgaben des Getränks an.

Neben den Zielgruppen spielen natürlich auch die vorhandenen finanziellen Mittel eine Rolle. Die Werbeausgaben müssen sich im Grundsatz durch (spätere) höhere Umsätze und Gewinne amortisieren.

Produktion: Vom Material zur Ware

Die Produktion, im betriebswirtschaftlichen Sinn ist unter diesem Begriff auch die Bereitstellung von Dienstleistungen zu sehen, steht im Mittelpunkt jedes Unternehmens:

- Um produzieren zu können, benötigen Sie verschiedene Produktionsfaktoren (S. 66 ff.).
- Diese Produktionsfaktoren müssen in der richtigen Menge zum richtigen Zeitpunkt am richtigen Ort sein, und all dies mit möglichst geringem Aufwand. (S. 78 ff.).

Die Produktionsfaktoren

Je nachdem, welches Produkt Sie herstellen, welche Dienstleistung Sie anbieten oder ob Sie Handel treiben – die benötigten Produktionsfaktoren fallen unterschiedlich aus. Doch in jedem Fall werden sie miteinander kombiniert und ergeben so eine absetzbare Ware – ein Produkt oder eine Dienstleistung.

Die menschliche Arbeitsleistung

Der Mensch greift in die Produktion ein, und zwar als ausführende Kraft und durch geistige Tätigkeiten. Das „Handanlegen" am Produkt ist die unmittelbarste Form menschlicher Arbeit. Betriebswirtschaftlich bedeutsam ist, dass die dadurch entstehenden Kosten dem Produkt direkt zugeordnet werden können. In einer arbeitsteiligen Wirtschaft tritt menschliche Arbeit aber zunehmend auch in einer anderen Form auf: der dispositiven Arbeit. Das sind alle Tätigkeiten der Leitung, Planung und Organisation. Die dort geleistete Arbeit lässt sich meist nicht einem einzelnen Produkt oder einer bestimmten Dienstleistung direkt zuordnen.

Beispiele

Ein Handwerker, der Wasserleitungen installiert und repariert, verrichtet ausführende Tätigkeiten. Die Lohnkosten lassen sich in der Regel den einzelnen Aufträgen eindeutig zuordnen. Die Bürokauffrau, die die Abrechnungen erstellt, die Bücher führt, Bestellungen auslöst und Rechnungen bezahlt, arbeitet dispositiv. Das Gleiche gilt für den Chef, zumindest für den Teil seiner Arbeit, der nicht direkt mit der handwerklichen Leistung zu tun hat.

Der mit der dispositiven Arbeit verbundene Aufwand muss mit geeigneten Hilfsmitteln (siehe dazu auch das Kapitel zur

Kostenrechnung, S. 168 ff.) auf die Produkte „verteilt" werden.

Betriebsmittel

Um Leistungen zu erstellen, benötigt man Betriebsmittel. Kennzeichnend für Betriebsmittel ist, dass sie nicht selbst in das Produkt eingehen. Es handelt sich also um Maschinen und Anlagen, aber auch um Grundstücke und Gebäude.

Fakt Nr. 27
Gemeinsam mit der objektbezogenen ausführenden Arbeit sind die Betriebsmittel entscheidend für die Kapazität des Unternehmens. Sie werden nicht verbraucht, sondern nutzen sich durch Gebrauch nach und nach ab.

Die Abnutzung der Betriebsmittel wird durch Abschreibungen auf die gesamte voraussichtliche Nutzungsdauer verteilt.

Beispiel

Ein Pkw kostet in der Anschaffung 30 000 €. Er wird gewöhnlich sechs Jahre lang genutzt. Damit fallen pro Jahr Abschreibungen in Höhe von 5 000 € an.

Diese Vorgehensweise gilt selbstverständlich nur für Betriebsmittel, die sich durch den Gebrauch abnutzen und dabei an Wert verlieren. Insbesondere bei Grundstücken ist das nicht der Fall. Auf das Thema Abschreibungen wird weiter unten (S. 207 ff.) noch genauer eingegangen.

Werkstoffe

Die Werkstoffe gehen im Gegensatz zu den Betriebsmitteln in das Produkt mit ein, oder sie werden im Produktionsprozess verbraucht. Deshalb muss ihre Beschaffung laufend wiederholt werden. Werkstoffe lassen sich unterteilen in

- Rohstoffe (diese sind wesentliche Bestandteile eines Produkts, z. B. Stahl oder Karbon oder Braugerste),
- Hilfsstoffe, die zwar in das Produkt eingehen, aber keine wesentlichen Bestandteile des Produkts bilden (z. B. Klebstoffe) und
- Betriebsstoffe, die nicht in das Produkt eingehen, aber bei der Produktion verbraucht werden (z. B. Energie).

Zusatzfaktoren

Neben den genannten drei Arten von Produktionsfaktoren gibt es immer wieder weitere Dinge, die zur Sicherstellung der Produktion erforderlich sind, aber nicht mit den Produkten direkt in Verbindung stehen. Das können beispielsweise Versicherungen oder Beiträge zu Verbänden sein.

Die Produktion planen

Hier stehen Sie vor zwei Aufgabenbereichen:

- Einerseits planen Sie das Produktionsprogramm, also die Art und Menge der herzustellenden Produkte oder Dienstleistungen.
- Andererseits planen Sie, wie Sie die Produkte herstellen wollen – das nennt man Fertigungsplanung.

Produktionsprogrammplanung: Die richtige Art und Menge

Ausgangspunkt der Produktionsprogrammplanung ist der Markt. Wenn Sie „am Markt vorbei" produzieren, müssen Sie den Aufwand für die Produktion tragen, es fehlt aber der Umsatz durch den Verkauf der Erzeugnisse. Diese simple Weisheit bezieht sich sowohl auf die Art der Produkte als auch auf die Menge.

> Fakt Nr. 28
> Fertigungs- und Absatzplan müssen möglichst genau aufeinander abgestimmt sein. Letztlich darf unter wirtschaftlichen Aspekten nur das hergestellt werden, was in Art und Menge in einem überschaubaren Zeitraum auch abgesetzt werden kann.

Nun tritt aber zumeist ein Problem auf: Immer dann, wenn der Bedarf über einen längeren Zeitraum nicht konstant ist, sondern schwankt, muss man sich produktionstechnisch darauf einstellen. Das heißt, entweder wird auftragsbezogen nur das hergestellt, wofür der Absatz im Moment gegeben ist, oder es werden Vorräte angelegt, um auf Schwankungen des Bedarfs angemessen reagieren zu können.

Beispiel

Der Bedarf an Speiseeis schwankt naturgemäß mit der Jahreszeit. Im Sommer ist der Bedarf hoch, im Winter trinkt man eher ein Glas Rotwein, als Eis zu essen. Um dieser saisonalen Schwankung gerecht zu werden, gibt es zwei Strategien:

1. Man stellt im Sommer mehr Eis her als im Winter.
2. Man hält die Produktion relativ konstant und verkauft im Sommer zusätzlich das im Winter hergestellte und eingelagerte Eis.

Die erste Strategie heißt auftragsbezogene Fertigung, die zweite vorratsbezogene Fertigung. Beide Herangehensweisen haben Vor- und Nachteile, die abgewogen werden müssen.

	Vorteile	Nachteile
auftragsbezogen	Die hergestellte Produktion wird sofort verkauft. Geringer Lageraufwand Keine Gefahr der Veraltung von Lagerware	Lange Reaktionszeiten, da erst nach Bestellung produziert wird Die Kapazitäten (Maschinen, Personal) müssen auf maximalen Ausstoß ausgerichtet sein.
vorratsbezogen	Flexible Lieferung aus dem Lager	Finanzierung größerer Bestände erforderlich Die Prognose des Absatzes ist schwierig.

Zumeist stellt ein Unternehmen nicht nur ein Produkt, sondern mehrere verschiedene her. Dann geht es um die Planung eines Programms. Die entscheidenden Richtungen sind:

- Programmbreite: Welche Erzeugnisarten, Dienstleistungen, Ausführungen usw. sollen hergestellt werden?
- Programmtiefe: Welche Teile, Baugruppen usw. sind für das Produktionsprogramm erforderlich?

Eine Pauschallösung für die genannten Probleme gibt es nicht. Es gilt, anhand der betrieblichen Gegebenheiten und der vorhandenen Erfahrungen die für das Unternehmen wahrscheinlich günstigste Lösung zu finden.

Fertigungsplanung: Die richtige Herstellung

Nach der Planung des Programms müssen Sie nun entscheiden, auf welche Art und Weise Ihr Unternehmen die Produkte fertigen will. Das gleiche gilt natürlich auch für die Bereitstellung von Dienstleistungen, wobei dort zumeist die Besonderheit gilt, dass Dienstleistungen nicht auf Vorrat bereitgestellt werden können. Die klassischen Fertigungsverfahren sind

- Werkstattfertigung,
- Fließfertigung und
- Gruppenfertigung.

Darüber hinaus gibt es noch neuere Verfahren, wie Computer Integrated Factoring (CIF), Kanban und andere, auf die hier nicht näher eingegangen werden soll.

Werkstattfertigung

Bei der Werkstattfertigung steht die einzelne Verrichtung im Vordergrund. Sie ist besonders geeignet für die Produktion in kleinen Serien oder für die Einzelfertigung, überwiegend in Kleinbetrieben.

Fakt Nr. 29
Bei der Werkstattfertigung werden gleichartige Tätigkeiten zusammengefasst. Je nach der gerade erforderlichen Bearbeitung wird das Produkt von Werkstatt zu Werkstatt transportiert, wobei es vorkommen kann, dass die gleiche Werkstatt mehrfach berührt wird, während andere Werkstätten gar nicht benötigt werden.

Beispiel

Eine Werkstattfertigung kann beispielsweise folgendermaßen strukturiert sein: Materialzuschnitt, Fräserei, Dreherei, Stanzerei, Galvanik, Endmontage.

Fließfertigung

Hier werden die Maschinen und Arbeitsplätze so angeordnet, dass die Teile kontinuierlich von einem Platz zum anderen transportiert werden. Im Mittelpunkt steht also die Bearbeitungsfolge des Produktes.

Beispiel

Ein klassisches Beispiel für die Fließfertigung ist das allseits bekannte Montageband in der Automobilindustrie. Insbesondere bei Montagearbeiten hat sich die Fließfertigung als äußerst effektiv erwiesen.

Eine eindeutige Ausrichtung auf das Objekt, also das Produkt, wie in der Fließfertigung lohnt sich im Normalfall nur bei Großserien- oder Massenfertigung. Das Hauptproblem besteht darin, dass einzelne Arbeitsgänge unterschiedlich lang dauern können und außerdem die erforderlichen Betriebsmittel an die Abläufe angepasst werden müssen, um unerwünscht lange Umrüstzeiten zu vermeiden. Vorteile bestehen in geringeren Transport- und Lagerkosten. Auch wird die Übersichtlichkeit des Fertigungsablaufs erhöht. Erkauft werden diese wirtschaftlichen Vorteile oft mit einer nicht unerheblichen Arbeitsmonotonie, die zur Demotivation der Mitarbeiter führen kann.

Gruppenfertigung

Die Gruppenfertigung ist eine Mischform der beiden zuvor genannten Fertigungsverfahren. Maschinen und Arbeitsplätze werden zu sogenannten Funktionsgruppen zusammengefasst, innerhalb deren die Anordnung nach dem Bearbeitungsablauf erfolgt. Diese Vorgehensweise ist dann sinnvoll, wenn die Herstellung von Einzelteilen oder Baugruppen einen großen Anteil am Produktionsprogramm einnimmt.

> Fakt Nr. 30
> Die Gruppenfertigung ist die Basis für das Baukastenprinzip. Dabei werden die Endprodukte aus Einzelteilen und Baugruppen zusammengesetzt, die zuvor in den Funktionsgruppen gefertigt wurden.

Fertigungstypen

Man könnte meinen, nun sei hinsichtlich der Fertigungsplanung alles geklärt. Ein Fragenkomplex ist aber noch offen: Handelt es sich um Einzelfertigung oder um Mehrfachfertigung? Von der Antwort auf diese Frage sind viele Bereiche der Fertigungsorganisation betroffen.

Bei der Einzelfertigung wird jedes Produkt nur einmal hergestellt, oft in enger Abstimmung mit dem Kunden. Ein festes Produktionsprogramm besteht nicht. Meist sind die hergestellten Produkte mit kundenabhängigen Dienstleistungen verbunden, z. B. die Anpassung bestimmter Software.

Mehrfachfertigung tritt in den folgenden Formen auf:

- Massenfertigung
- Serienfertigung

- Sortenfertigung
- Chargenfertigung

Was sich dahinter verbirgt, verdeutlicht ein Beispiel.

Beispiel

Die Herstellung von Spanplattenschrauben oder Glühlampen ist reine Massenfertigung, während Elektrogeräte für den Haushalt, wie Staubsauger oder Kaffeemaschinen, oft in Serien gefertigt werden.

Die Brauerei, deren Programm aus drei Biersorten besteht (Pilsner, Weizenbier, Schwarzbier), produziert in Sortenfertigung. Das Ausgangsmaterial ist hier (im Gegensatz zur reinen Serienfertigung) im Wesentlichen einheitlich, die Produktionsanlagen sind die gleichen, der Umstellungsaufwand ist gering.

Bei der Chargenfertigung können die Ausgangsmaterialien oder die Bedingungen des Produktionsprozesses nicht konstant gehalten werden. So ist bei Wein, auch wenn es sich um die gleichen Reben vom gleichen Weinberg handelt, jeder Jahrgang anders, es entstehen Chargen.

Auch hier gibt es keinen „Königsweg". Je nachdem, um welche Produkte es sich handelt und wie die äußeren Bedingungen sind, wird die eine oder die andere Form günstiger sein. Wichtig ist allerdings: Man sollte sich bereits im Vorfeld Gedanken um die Fertigungsplanung machen.

Wie läuft die Produktionsplanung ab?

Wie geht man nun systematisch vor? In einem klassischen herstellenden Produktionsbetrieb umfasst die Produktionsplanung die folgenden Schritte:

- Erzeugnisplanung,
- Planung des Fertigungsprogramms und der Beschaffung,

- Arbeitsplanung,
- Fertigungsprozessplanung.

Zur Erzeugnisplanung gehört nicht nur, welche Erzeugnisse in das Programm aufgenommen werden sollen, sondern auch die Gestaltung der Erzeugnisse und der Produktion. Anhand einer Stückliste werden die erforderlichen Rohstoffe, Baugruppen, Einzelteile usw. zusammengefasst.

Beispiele

Fahrradketten bestehen aus Innengliedern, Außengliedern, Rollen und Hülsen. Je Meter Kette benötigt man also eine bestimmte Anzahl all dieser Teile. Die Stückliste für ein Kugellager könnte folgendermaßen aussehen:

1 Innenring, 1 Außenring, 2 Käfighälften, 12 Kugeln

Auch die Verwendung der Erzeugnisse in weiteren Produkten sollte dokumentiert werden. Dies ist v. a. für die Analyse der Effekte von Änderungen oder Fehlmengen bedeutsam.

Über die Programmplanung wurde oben bereits berichtet. Sie schließt unmittelbar an die Erzeugnisplanung an.

Der nächste Schritt ist die Arbeitsplanung. Sie umfasst die Planung der anzuwendenden Verfahren, der einzelnen Arbeitsgänge und der Reihenfolge der Bearbeitung. Ein wesentlicher Bestandteil der Arbeitsplanung ist die Ermittlung des für jeden einzelnen Schritt erforderlichen Zeitaufwandes. Stücklisten aus dem ersten Schritt, der Erzeugnisplanung, sind dabei ein wesentliches Hilfsmittel, aber auch andere Dokumente wie Arbeitsbegleitpapiere oder Materialentnahmescheine.

Der letzte Schritt ist die Fertigungsprozessplanung. Hier wird der Fertigungsablauf, bezogen auf die einzelnen Produktionsfaktoren, geplant. Auch die Auftragsverwaltung und die Terminierung gehören in diesen Bereich. Die Terminplanung kann dabei als Vorwärts- oder als Rückwärtsterminierung vorgenommen werden.

Beispiel

Die Schall & Rauch GmbH hat einen neuen Silvesterknaller entwickelt. Ausgehend vom Termin der Produktionsgenehmigung durch die zuständigen Stellen (immerhin handelt es sich um einen Feuerwerkskörper), kann in der Vorwärtsplanung ermittelt werden, wann das Produkt frühestens auf dem Markt sein kann.

Der andere Weg ist die Rückwärtsterminierung: Eine Woche vor Silvester muss das Produkt beim Händler sein. Nun wird rückwärts gerechnet, wann die einzelnen Fertigungsschritte bis hin zur Materialbestellung erfolgen müssen.

Die gesamte Produktionsplanung ist nie vollständig abgeschlossen. Neue Produkte müssen eingepasst werden, andere werden aus dem Sortiment herausgenommen. Neue Produktionsverfahren kommen auf den Markt, und die Kunden bestellen immer wieder andere Mengen.

Planung ist also ein ständiger Prozess, der sich mit den Gegebenheiten innerhalb und außerhalb des Unternehmens auseinandersetzen muss. Würden alle Planwerte exakt erreicht, so wäre dies eher ein Zufall. Aus diesem Grund aber vollkommen auf Planung zu verzichten, wäre kontraproduktiv. Es ist besser, ungefähr richtig zu liegen als exakt falsch!

Bestände an unfertigen Erzeugnissen

Nicht zu unterschätzen sind die Zeiten, die im Produktionsprozess erforderlich sind, um die Werkstücke und Produkte von einem Arbeitsplatz zum anderen zu transportieren. Diese Transportzeiten verlängern die Dauer der Produktionsprozesse zum Teil erheblich. Bei großen Werken und vielen Bearbeitungsstellen kann die Gesamttransportstrecke bis zur Fertigstellung oft mehrere Kilometer betragen.

Zu den Transportzeiten kommt noch die Liege- oder Lagerzeit hinzu. Das ist der zeitliche Puffer zwischen der Anlieferzeit am Arbeitsplatz und der eigentlichen Arbeitsaufnahme. Da die gesamte Fertigung eines Produktes aus vielen Arbeitsgängen bestehen kann, werden die Teile je nach der Komplexität des Prozesses vor dem eigentlichen Produktionsvorgang sehr häufig gelagert und „warten" z. B. auf freie Maschinen oder Arbeitskapazitäten.

Untersuchungen haben gezeigt, dass die eigentliche Bearbeitungszeit nicht einmal 10 Prozent der gesamten Durchlaufzeit beträgt. Ein Ansatz zur Verkürzung der Durchlaufzeiten besteht z. B. darin, die Auftragsmenge in kleinere „Lose" aufzuteilen.

Beispiel

Der Gesamtauftrag zur Fertigung von Schreibtischlampen beträgt 500 Stück. Dabei werden in der Montage fünf Arbeitsgänge benötigt. Der dritte Arbeitsgang dauert etwa doppelt so lang wie der vierte. Aus diesem Grund wird der Auftrag hier in zwei Lose geteilt. Nachdem 250 Lampen den dritten Arbeitsgang durchlaufen haben, werden sie weitergereicht. So kann der nächste Schritt bereits erfolgen, während die zweite Hälfte der Lampen noch Gang 3 durchläuft.

Das Aufsplitten von Arbeitsgängen, die Berechnung der optimalen Losgröße, die Überlappung von Arbeitsgängen, die „Familienfertigung", bei der Aufträge mit ähnlichen oder gleichen Fertigungsverfahren zusammengelegt werden, bis hin zur Entscheidung, ob im Rahmen des Outsourcings bestimmte Arbeitsgänge an andere Firmen als Lohnaufträge vergeben werden – all das ist eine Kunst für sich.

Wie so oft, gibt es auch hier keine Einheitslösung. Es ist Aufgabe der Technologen im Unternehmen, einen sinnvollen Kompromiss zwischen technischen Anforderungen und wirtschaftlichen Erwägungen zu finden.

Die Materialwirtschaft: Material beschaffen und lagern

Wenn klar ist, was Sie absetzen wollen und wie Sie es herstellen, folgt die Beschaffung der Produktionsfaktoren. Die Bereitstellung der erforderlichen Arbeitskräfte (des Humankapitals) ist Sache der Personalwirtschaft (siehe S. 113 ff.). Die Bereitstellung der Betriebsmittel wird als Investition bezeichnet (siehe dazu das Kapitel zum Thema Finanzen (S. 141 ff.)).

Die Werkstoffe müssen ständig neu beschafft werden. Dafür ist in der betrieblichen Organisation die Materialwirtschaft zuständig. Bei der Beschaffung gibt es drei Stufen:

- Planung des Materialbedarfs
- Planung des Materialbestands
- Planung der Bestellmengen

Den Materialbedarf ermitteln

Im ersten Schritt wird ein Plan erstellt, der den voraussichtlichen Bedarf an den einzelnen Materialarten ausweist.

Fakt Nr. 31
Die erforderlichen Werkstoffe müssen nach Art, Menge und Güte zeitgerecht am richtigen Ort sein. Die Planung kann entweder erfolgen, indem man anhand des geplanten Produktionsprogramms ermittelt, welche Werkstoffe erforderlich sind (programmorientierte Planung), oder indem man auf der Basis vergangenheitsorientierter Zahlen den Bedarf schätzt (verbrauchsorientierte Planung).

Programmorientierte Bedarfsplanung

Basis der programmorientierten Bedarfsplanung sind die Produktionsprogrammplanung und die entsprechenden Stücklisten. Das Produktionsprogramm liefert die Angaben über die einzelnen Produkte und die herzustellenden Mengen, die Stücklisten geben Auskunft über die Zusammensetzung der Produkte. Durch eine einfache Multiplikation der Produktmengen mit den Bestandteilen des jeweiligen Produktes ergibt sich der „Sekundärbedarf". Um zum eigentlichen Materialbedarf zu gelangen, muss man noch folgende Korrekturrechnungen ausführen:

	Sekundärbedarf
+	Zusatzbedarf
=	Materialbedarf (brutto)
–	Lagerbestand
–	bereits bestellter, aber noch nicht eingegangener Bestand
+	Vormerkbestand
=	Materialbedarf (netto)

Beispiel

Die Hemden GmbH plant ihren Materialbedarf für die Produktion von Oberhemden. Für 1000 Hemden ermittelt sie einen Sekundärbedarf von 2000 Metern Stoff und 9000 Knöpfen. Als Zusatzbedarf werden jeweils 5 Prozent des Sekundärbedarfs angesetzt. Lager- und Vormerkbestände bestehen nicht, in der Vorwoche wurden jedoch 500 Meter Stoff bestellt. Somit ergibt sich ein Nettobedarf von 1600 Metern Stoff und 9450 Knöpfen.

Die programmorientierte Bedarfsplanung ist die anspruchsvollere und genauere Form der Planung, allerdings erfordert sie auch einen höheren Aufwand. Insbesondere bei Kleinteilen und Verbrauchsmaterial, aber auch bei Materialpositionen, die relativ gleichmäßig verbraucht werden, empfiehlt sich deshalb die verbrauchsorientierte Bedarfsplanung.

Verbrauchsorientierte Bedarfsplanung

Hier wird der Bedarf auf der Basis des Verbrauches in der Vergangenheit prognostiziert. Das bedeutet, dass eine gewisse Kontinuität des Verbrauchs unterstellt wird. Die verbrauchsorientierte Planung ist also nur dann geeignet, wenn es sich um Produkte handelt, die bereits seit einiger Zeit hergestellt werden. Letztlich handelt es sich bei diesem Verfahren um eine Mittelwertbildung. Da es wenig sinnvoll ist, den Durchschnitt aus endlos langen Reihen zu bilden, wählt man zumeist den gleitenden Mittelwert, d. h. man bildet immer den Durchschnitt der (beispielsweise) letzten fünf Jahre.

Beispiel

Die Druckerei Schwarzfuß OHG hat in den vergangenen Jahren die folgenden Papierverbrauchswerte registriert:

2003: 10 000 Pakete; 2004: 12 000 Pakete; 2005: 11 000 Pakete; 2006: 9 000 Pakete und 2007: 11 000 Pakete.

Der gleitende Mittelwert der letzten fünf Jahre beträgt damit

(10 000 + 12 000 + 11 000 + 9 000 + 11 000) : 5 = 10 600

Wenn Sie der Meinung sind, dass weiter zurückliegende Jahre eine geringere Bedeutung für die künftige Bestellmenge haben als die jüngeren Jahre, können Sie dies dadurch zur Geltung bringen, dass Sie einen gewogenen Durchschnitt bilden.

Beispiel

Die Druckerei Schwarzfuß OHG schätzt die letzten drei Jahre als bedeutsamer ein als die beiden Jahre davor und wichtet sie in folgendem Prozentverhältnis zueinander: 10:10:20:30:30. Damit errechnet sich der gewogene Mittelwert folgendermaßen:

10 000 x 0,1 + 12 000 x 0,1 + 11 000 x 0,2 + 9 000 x 0,3 + 11 000 x 0,3 = 10 400

Mit diesen Verfahren können Sie ungefähr ihren Materialbedarf für das kommende Jahr bestimmen und die entsprechenden Werte in die Kosten- und Finanzplanung einbeziehen.

Die Lagerbestände planen

In einem idealen Wirtschaftsmodell wäre Lagerhaltung unnötig, da der ermittelte mit dem wirklichen Bedarf übereinstimmt und Schwund oder Diebstahl ausgeschlossen sind. Der tatsächliche Verbrauch wird aber gegebenenfalls von den Planwerten abweichen. Deshalb müssen im zweiten Schritt die Bestände geplant werden, um rechtzeitig nachbestellen zu können.

> Fakt Nr. 32
> Aus Sicherheitsgründen sollte immer ein bestimmter Lagerbestand vorhanden sein. Aber durch Vorräte wird Kapital gebunden. Es entstehen Kosten, insbesondere Lager- und Finanzierungskosten (Zinsen). Es gilt also, die Balance zu finden zwischen hoher Produktionssicherheit und dem wirtschaftlichen Zwang, Bestände möglichst niedrig zu halten.

Ein Versuch, dieses Optimierungsproblem zu lösen, besteht in der Just-in-time-Lieferung, bei der mit den Zulieferbetrieben vertraglich vereinbart wird, benötigte Teile und erforderliches Material mit extrem kurzen Vormerkfristen zu liefern. Das Problem der Lagerhaltung wird auf diese Weise aber in vielen Fällen lediglich auf die Zulieferer verschoben.

Folgende Bestandsarten werden unterschieden:

- Lagerbestand/Buchbestand: Er ist zum Zeitpunkt der Planung körperlich im Lager vorhanden. Unterschieden wird nach frei verfügbarem und bereits für bestimmte Produkte oder Aufträge reserviertem (= disponiertem) Bestand. Üblicherweise wird der Lagerbestand durch eine Dokumentation des Anfangsbestandes sowie der Zu- und Abgänge erfasst.

- Inventurbestand: Er wird durch körperliche Aufnahme erfasst und ist prinzipiell mit dem Lagerbestand identisch. Allerdings kann es durch Schwund oder ungenaue Lagerbestandsführung zu Abweichungen kommen. In diesem Fall müssen die Daten korrigiert werden.
- Mindestbestand: Er dient der Sicherstellung der Leistungsbereitschaft bei Ausfällen, Lieferproblemen oder ungeplantem Mehrbedarf, stellt also eine Art Puffer für Notzeiten dar und wird demzufolge auch „eiserner Bestand" oder „Reserve" genannt.
- Meldebestand: Er beruht auf der Überlegung, dass es meist einige Tage (oder auch Wochen) dauert, bis bestellte Materialien im Unternehmen eintreffen. Der Meldebestand oder Bestellbestand ist die Lagermenge, bei deren Erreichen, normalen Verbrauch vorausgesetzt, eine neue Bestellung aufgegeben werden muss, damit der Mindestbestand nicht angegriffen werden muss. Der Meldebestand reicht somit gerade aus, um die Zeit zwischen Bestellung und Lieferung zu überbrücken.
- Höchstbestand: Er bildet die maximale Vorratsmenge. Vor allem aus Kostengründen sollte er nicht überschritten werden.

Die Bestellmengen optimieren

Nun haben Sie die ersten Schritte zur Materialbedarfsplanung getan. Der folgende Punkt wurde aber noch nicht beachtet: Auch der Bestellvorgang selbst ist mit Kosten verbunden, genau wie die spätere Lagerung.

Beispiel

Es ist sicher nicht sinnvoll, immer dann, wenn ein Karton Kopierpapier fast zur Neige geht, schnell einen neuen zu kaufen. Sie müssen jedes Mal die Bestellung auslösen und die Anlieferung organisieren.

Wenn Sie aber gleich einen ganzen Sattelzug voll Kopierpapier bestellen, bekommen Sie vielleicht einerseits einen Mengenrabatt, haben dann aber für die Einlagerung zu sorgen. Und in anderen Fällen muss man damit rechnen, dass Bestände verderben oder technisch veralten.

Ziel ist es also, diejenige Bestellmenge pro Beschaffungsvorgang zu ermitteln, die unter Berücksichtigung der spezifischen Kosten für das Unternehmen am günstigsten ist. Der Schlüssel zu dieser Berechnung ist die Unterscheidung zwischen bestellfixen Kosten – also Kosten, die unabhängig von der Bestellmenge immer in derselben Höhe anfallen – und variablen Kosten, die sich mit der Bestellmenge verändern.

Beispiel

Unabhängig von der Bestellmenge sind die Rechnungsprüfungskosten, die Verbuchung und in gewissem Rahmen auch die Transportkosten. Diese Kosten werden als Bestellkosten bezeichnet.

Die Beschaffungskosten dagegen sind abhängig von der Menge, handelt es sich doch um das Ergebnis der Multiplikation der Einstandspreise mit den bestellten Mengen.

Bestellen Sie jeweils große Mengen, so kann aufgrund von Mengenrabatten der Einstandspreis sinken. Darüber hinaus verteilen sich die bestellfixen Kosten auf eine größere Menge, sodass die Einkaufskosten pro Stück sinken.

Andererseits ist bei größeren Bestellmengen der durchschnittliche Lagerbestand höher, sodass die Lagerkosten pro Stück steigen.

> Fakt Nr. 33
> Die optimale Bestellmenge ist diejenige Menge, bei der die Einkaufs- und Aufbewahrungskosten pro Stück am geringsten sind.

Hierbei wird allerdings unterstellt, dass die Stückpreise konstant und der Absatz gleichmäßig bleiben. Zudem geht man davon aus, dass die optimale Menge mit den vorgegebenen Verpackungseinheiten übereinstimmt.

Unter diesen Annahmen lässt sich die optimale Bestellmenge zumindest annähernd berechnen:

$$X_{opt} = \sqrt{\frac{200 \times M \times K_B}{E \times L_{HS}}}$$

$X_{opt.}$ = optimale Beschaffungsmenge
M = Jahresbedarfsmenge
E = Einstandspreis pro Mengeneinheit
K_B = Bestellkosten je Bestellung
L_{HS} = Lagerhaltungskostensatz

Beispiel

Ein Unternehmen benötigt für das kommende Jahr voraussichtlich 1 200 Mengeneinheiten eines Materials, dessen Einstandspreis 4 €/Einheit beträgt. Die Bestellkosten für eine Bestellung betragen 40 €, der Lagerhaltungskostensatz wird mit 12 Prozent des durchschnittlichen Lagerbestands angesetzt. Daraus ergibt sich eine optimale Bestellmenge von 447,2 Stück.

Quelle: Haufe Unternehmens-Office

Rechnerische Werte für die optimale Bestellmenge müssen in aller Regel gerundet werden. Unter der Annahme, dass das Material in Packungen mit je 250 Stück geliefert werden kann, bietet sich im oben skizzierten Beispiel eine Bestellmenge von zwei Paletten à 250 Stück an.

Generell ist zu sagen, dass die auf die oben beschriebene Weise ermittelten optimalen Bestellmengen nur Näherungswerte sein können. Die getroffenen Annahmen (u. a. konstante und bekannte Preise) treffen nur bedingt zu. Aber auch hier gilt: Besser ein Ergebnis, das ungefähr stimmt, als gar keines!

Logistik: Das richtige Produkt am richtigen Ort

Logistik ist die zielgerichtete Planung, Steuerung und Kontrolle des Material- und Warenflusses. Es geht also nicht um Geldströme, sondern um Dinge wie Material, Zulieferungen oder Hilfsstoffe.

- Dabei sind die sechs „R" der Logistik zu beachten (S. 89 ff.).
- Es werden die Wege innerhalb des Unternehmens, zwischen verschiedenen Unternehmen sowie zwischen Unternehmen und Endverbraucher in die Betrachtung einbezogen(S. 96 ff.).
- Zur Logistik gehören auch Überlegungen zur Beschaffung (S. 100 ff.), zu den Entsorgungswegen (S. 111 ff.) und zu den damit verbundenen Informationsprozessen.

Effizienz in Lager und Transport

Was ist Logistik?

Jedes Unternehmen ist in ein Netz von Lieferungen, Transportvorgängen und der Lagerung von Waren eingebunden. Produkte müssen bedarfsgerecht, d. h. nach Art, Menge, Raum und Zeit abgestimmt, ihre Ziele erreichen. Der Bereich des Betriebes oder auch jeder anderen Organisation, der sich mit den Prozessen der Güterverteilung in Lagern und Produktionsstätten befasst, ist die Logistik. Mit der Logistik beschäftigen sich ganze Branchen, wie z. B. Speditionen und Verpackungsbetriebe. Aber auch alle anderen Branchen benötigen logistische Systeme, damit die Waren den Kunden in der richtigen Qualität und Quantität erreichen.

Fakt Nr. 34
Das Besondere an der Logistik ist, dass nicht nur die Interessen einzelner Abteilungen und Bereiche betrachtet werden. Vielmehr geht es darum, die gesamte Kette des Material- und Warenflusses samt der zugehörigen Informationsprozesse zu gestalten. Das Ineinandergreifen der einzelnen Schritte zu optimieren, auch über die Grenzen des eigenen Unternehmens hinaus – das ist Logistik.

Doch es kommt nicht nur darauf an, dass Produkte und Waren bereitgestellt werden. Eine weitere Aufgabe der Logistik besteht darin, die Kosten des Lager- und Transportsystems möglichst gering zu halten.

Die Material- und Warenströme sind eng miteinander verknüpft, deshalb können die einzelnen Teilprozesse auch nicht isoliert voneinander betrachtet werden. Erst durch die Einbeziehung des Gesamtsystems ist eine effektive Logistikorganisation möglich. Somit erfordert die Logistik Kenntnisse und Erfahrungen insbesondere auf den Gebieten

- der Betriebswirtschaft,
- der Technik,
- der Informatik und
- der Warenwirtschaft.

Der Logistiker sollte sich als Generalist verstehen und fähig sein, bereichsübergreifend zu denken und durchsetzungsstark zu handeln.

Die sechs „R" der Logistik

Eigentlich ist es ganz einfach: Eine gute Logistik soll dafür sorgen, dass das

- richtige Produkt am
- richtigen Ort in der
- richtigen Menge zur
- richtigen Zeit in der
- richtigen Qualität zu den
- richtigen Kosten

vorhanden ist. Aber der Teufel steckt, wie so oft, im Detail.

Richtiges Produkt

Bei langjährig eingeschliffenen Prozessen funktioniert das zumeist. Sobald aber Veränderungen auftreten, ist der Logistiker gefordert: Die entsprechenden Teile müssen exakt bezeichnet sein.

Beispiel

Pkw werden heute meist nicht „von der Stange" gekauft. Stattdessen werden Sonderausstattungen nach Kundenwunsch zusammengestellt. Wünscht der Kunde beispielsweise anstelle der serienmäßigen 17-Zoll-Felgen die ebenfalls angebotenen 19-Zoll-Sportfelgen, muss sichergestellt sein, dass nicht nur die Felgen, sondern auch die zugehörigen Reifen zur Montage bereitliegen.

Meist zieht eine einzelne Abweichung eine Vielzahl anderer Änderungen nach sich. Sie können sich sicherlich vorstellen, dass insbesondere bei komplizierten Produkten nicht „auf Zuruf" gearbeitet werden kann.

Richtiger Ort

Es mag banal klingen, aber es ist nicht nur einmal vorgekommen, dass ein Lkw mit dringend benötigten Teilen hunderte von Kilometern abseits vom eigentlichen Ziel ankam. Der Grund: identische Ortsnamen ohne exakte Unterscheidung durch die Postleitzahl – wie oft gibt es beispielsweise Neustadt?

Aber auch innerhalb eines Unternehmens kann das Problem des richtigen Ortes auftreten.

Beispiel

Für eine innerbetriebliche Weiterbildungsmaßnahme sendet das beauftragte Fortbildungsunternehmen Unterlagen an die Personalabteilung. Der zuständige Sachbearbeiter ist gerade nicht anwesend und sein Kollege nimmt die Sendung zwar an, kümmert sich aber nicht weiter darum.

Das Paket ist zwar am richtigen Ort angekommen, aber nicht bei der richtigen Person.

Richtige Menge

„Richtige Menge" bedeutet nicht nur „ausreichende Menge". Ebenso wie ein „zu wenig" kann auch ein „zu viel" Probleme bereiten, z. B. bei der Lagerung von im Moment nicht benötigten Teilen. Abgesehen davon sind gerade zu viel gelieferte oder bereitgestellte Teile oder Baugruppen eine der Hauptursachen für zu hohe Bestände im Prozess, die sich nach und nach aufbauen. Auf diese Weise wird Kapital gebunden, das nicht produktiv genutzt wird.

Beispiel

Um einen Mengenrabatt zu erhalten, hat der Einkäufer Köhler anstelle der benötigten zehn Schleifscheiben gleich 30 Stück bestellt. Die Folgen sind:

- Es wird mehr Geld benötigt, die Liquidität wird unnötig belastet.
- Die zu viel georderten Schleifscheiben werden eventuell auch später nicht benötigt, da aufgrund der technologischen Entwicklung die Produktion häufig umgestellt wird.
- Es wird unnötig Lagerkapazität gebunden.

Sicher ist es nicht immer möglich, exakt diejenigen Mengen zu beschaffen, die benötigt werden. In solchen Fällen ist es aus Sicherheitsgründen oft sinnvoller, eine Reserve einzubauen und mehr zu bestellen. Ein guter Logistiker achtet aber immer darauf, dass Bestände auch wieder abgebaut werden.

Eine ebenso ungünstige Wirkung tritt ein, wenn zu wenig Material beschafft wurde. Produktionsstockungen, verspätete Lieferungen, Mehrkosten für Expresslieferungen und Ähnliches können die Folge sein.

Richtige Zeit

Hier gilt im Grundsatz das Gleiche wie bei der Menge: Eine zu frühe Lieferung führt zu einem erhöhten Bestand und unnötiger Kapitalbindung. Zu späte Lieferungen führen zu Unregelmäßigkeiten in der Produktion.

Beispiel

Aus der Erfahrung der vergangenen Jahre weiß Herr Köhler, dass der Lieferant Hartleib GmbH immer wieder einmal zu spät liefert. Er plant die Bestellung deshalb so ein, dass bei Nichtlieferung noch ausreichend Zeit bleibt, entsprechend neu zu disponieren.

Unter dem Aspekt der Liefersicherheit ist Herrn Köhlers Vorgehensweise richtig. Er sollte sich jedoch überlegen, ob er dem Problem nicht auf andere Weise zu Leibe rücken sollte.

Auf mittlere Sicht ist zu überlegen, ob man unpünktliche Lieferanten über Preisabschläge oder ähnliche Maßnahmen zu pünktlicher Lieferung bewegen kann oder ob der Lieferant gewechselt werden sollte. Auch eine Aufteilung auf zwei Lieferanten ist, wenn möglich, ein sinnvoller Schritt.

Richtige Qualität

Selbstverständlich spielt auch die Frage der Produktqualität eine entscheidende Rolle. Qualitätsmängel von gelieferten Teilen können sich u. a. folgendermaßen auswirken:

- Der Ruf des eigenen Produktes leidet. Dem Endabnehmer ist es gleichgültig, ob Fehler beim Produkt auf mangelhaften Zulieferungen oder auf ungenügendem Qualitätsbewusstsein des Herstellers beruhen.
- Der Kontrollaufwand steigt, will man keine minderwertigen Zulieferteile einbauen.
- Um die erforderliche Menge guter Teile zu bekommen, muss bereits bei der Bestellung ein Mengenaufschlag hinzugerechnet werden.
- Mehrmengen bei der Bestellung ziehen automatisch erhöhte Kosten nach sich. Diese resultieren zum einen aus dem erhöhten Gesamtpreis und zum anderen aus möglicherweise erhöhten Lagerkosten.

Beispiel

Die Mandarin GmbH stellt Kugelschreiber her. Für die Erstausstattung benötigt sie passende Minen. Der Wechsel zu einem neuen Hersteller führt dazu, dass der Durchmesser der Minen, obgleich sie genormt sind, um Nuancen schwankt und deshalb die Mine nicht immer durch die Spitze des Kugelschreibers passt. Die Folge ist, dass der Montageautomat sich in immer kürzeren Abständen abschaltet ...

Richtige Kosten

Zu den hier zu berücksichtigenden Kosten zählt natürlich in erster Linie der Preis. Der Preis pro Mengeneinheit ist aber nicht alles. Zu beachten sind außerdem Positionen wie

- Transportkosten,
- Lagerkosten,
- Zuschläge, z. B. für Mindermengen,
- bestimmte Gebindegrößen, die es erforderlich machen, gegebenenfalls mehr als die eigentlich benötigte Menge zu bestellen.

Mehrmengen binden mehr Kapital. Darüber hinaus kann es bei bestimmten Produkten zu Verderb oder Schwund kommen.

> Fakt Nr. 35
> Die sechs „R" der Logistik müssen stets als Gesamtheit betrachtet werden. Wird auch nur eine der sechs Anforderungen nicht erfüllt, so kann dies schwerwiegende Auswirkungen auf das Unternehmen haben, auch dann, wenn die übrigen fünf Bereiche zufriedenstellende Ergebnisse ausweisen.

Supply Chain Management – Betrachtung der gesamten Versorgungskette

Logistik hört nicht am eigenen Werkstor auf. Die enge Zusammenarbeit des Unternehmens mit Zulieferern, Händlern und Kunden soll zu Vorteilen für alle führen, vor allem durch Kosteneinsparungen. Man betrachtet und steuert also die Kette über möglichst viele Stufen als Einheit. Eine voll ständige Kette beginnt bei der Gewinnung der Rohstoffe und endet bei der Produktlieferung an den Endkunden. Der Fachbegriff dafür lautet Supply Chain Management.

Beispiel

Die Schuhhersteller Alpha, Omega, Italdesign und Knobelbecher AG arbeiten in einer Supply Chain zusammen. Sie koordinieren die Lieferung des Leders aus Italien und Argentinien, die Bereitstellung der Schuhkartons in den verschiedenen herstellerbezogenen Ausfertigungen und die Belieferung von Schuhspezialgeschäften und Kaufhäusern in ganz Europa.

Durch abgestimmte Transporte werden Leerfahrten vermieden, Lagerbestände konnten reduziert werden, und die Nutzung des Datenformats EDIFACT ermöglicht die elektronische Verknüpfung von der Bestellung bis zur Bezahlung von Rechnungen.

Was in diesem Beispiel wie Zukunftsmusik klingt, ist Tatsache, es gibt solcherart eng verknüpfte Zusammenarbeit.

Was ist charakteristisch für das Supply Chain Management?

- Mehrere Unternehmen sind in einem Netzwerk miteinander verbunden. Sie arbeiten eng zusammen, was meist auch durch angepasste Systeme des Datenaustauschs deutlich wird.
- Die Steuerung der Kette erfolgt – so, wie es auch innerhalb eines einzelnen Unternehmens sein sollte – ausgehend vom Bedarf der Endnutzer. Das heißt, die Kundenorientierung ist deutlich ausgeprägt.
- In die Kette sind nicht nur die klassischen logistischen Aktivitäten wie Transport und Lagerhaltung einbezogen, sondern darüber hinaus auch Produktion und Vertriebsaktivitäten.
- Die Kette ist strategisch ausgerichtet. Die Güterflüsse durch die Kette sollen kontinuierlich erfolgen, die Bestände insgesamt möglichst niedrig gehalten werden.

> Fakt Nr. 36
> Werden logistische Aktivitäten zum Nutzen sämtlicher Beteiligten über die Unternehmensgrenzen hinaus zusammengefasst, spricht man vom Supply Chain Management (SCM). Ein wesentlicher Vorteil von SCM besteht darin, dass Kapazitäts- oder Terminengpässe bei den Partnern vorausschauend in die Planung einbezogen werden.

Supply Chain Management erfordert u. a. einheitliche Berechnungsschemata und eine Anpassung der Datenformate. Eine grundlegende Voraussetzung ist, dass die Partner einander vertrauen. Es geht nicht darum, sich zulasten des Anderen Vorteile zu verschaffen, sondern eine sogenannte Win-Win-Situation zu bewirken, aus der alle Beteiligten ihre Vorteile ziehen können. Nicht gegensätzliche Interessen, sondern faire Verteilungsregeln sind die Basis.

Just-in-time – die Umsetzung der sechs „R" der Logistik

Bereits unter dem Punkt Materialwirtschaft wurde Just-in-time kurz erwähnt. Was ist darunter zu verstehen?

> Fakt Nr. 37
> Just-in-time ist ein Konzept der Produktion auf Abruf. Es bedeutet, dass die kurzfristige Planung von Kapazitäten und Materialbedarf flexibel an die aktuelle Fertigungs- und Auftragssituation angepasst werden. Dabei ist Just in time sowohl zwischen verschiedenen Unternehmen einer Zulieferkette möglich als auch innerhalb eines Unternehmens. Just in time heißt also: Lieferung gerade rechtzeitig – nicht zu spät, aber auch nicht zu früh.

In der einfachen Variante wird lediglich die Lagerhaltung, die entsprechende Puffer sichert, auf die Zulieferer verschoben. Die hohe Kunst besteht jedoch in der sogenannten Synchronfertigung. Dabei wird versucht, so zu planen, dass bedarfsorientiert produziert wird. Das heißt: Stelle heute das her, was morgen gebraucht wird. (Das Gegenstück wäre das Supermarktprinzip: Stelle heute das her, was gestern verbraucht wurde.) Durch ein konsequentes Just-in-time-System verkürzen sich die Durchlaufzeiten in der Produktion, was wiederum zu einer Verminderung des gebundenen Kapitals führt. Hier sind nun die wesentlichen Ziele von Just-in-time:

- Vermeidung von Warteschlangen vor den einzelnen Bearbeitungsstationen und dadurch Senkung der Wartezeiten insgesamt
- Reduktion der Durchlaufzeiten und flexibles Reagieren auf Änderungen
- Reduktion der gelagerten Mengen an Material und Rohstoffen (auch in den Zwischenlagern) und damit Reduzierung der Kapitalbindung und der Lagerkosten
- Optimierung von Losgrößen in der Fertigung und der Montage
- Verkürzung von Rüst- und Einrichtezeiten

Ein weiterer positiver Effekt von Just-in-time besteht darin, dass sich die Risiken beim Einkauf verringern.

Beispiel

Die Firma Meyer-Guss AG stellt Reflektoren für Automobilscheinwerfer her. Auf diesem Gebiet schreitet einerseits der technische Fortschritt sehr schnell voran, andererseits wechselt auch das Design ständig. Teilevorräte können sehr schnell veralten. Die Meyer-Guss AG muss sich veränderten Kundenwünschen ständig anpassen und ist vor allem deshalb dazu in der Lage, weil ihre eigenen Zulieferer just in time liefern und sie deshalb nicht erst alte Bestände abbauen muss.

Einerseits werden an die Zulieferer der Meyer-Guss AG hohe Anforderungen gestellt, andererseits steckt das Unternehmen aber selbst in ähnlichen Zwängen.

Just-in-time kann keine Wunder bewirken. Flexibilität und Planung erreichen immer nur einen bestimmten Genauigkeitsgrad. Je enger die Teile der Versorgungskette miteinander verzahnt sind, desto größer sind auch die gegenseitigen

Abhängigkeiten. Marktgesetze können nicht so einfach ausgehebelt werden. Überzieht der Auftraggeber seine Forderungen und Preisvorstellungen, wird der Zulieferer aus dem Markt ausscheiden und gar nicht mehr liefern können.

Beispiel

Die SCH GmbH liefert Rückspiegel für Pkw und besitzt einen bedeutenden Marktanteil. Wenn sie durch Preisdruck und die Forderung nach immer kürzeren Lieferfristen seitens der Automobilindustrie nicht mehr wirtschaftlich arbeiten kann und schließlich insolvent wird, liegt das Problem auf einmal bei den Autoherstellern: Sie können keine Autos ohne Spiegel verkaufen.

Die Bereiche der Logistik

Logistik ist entlang der gesamten Wertschöpfungskette wichtig. So werden sowohl die Hauptlieferanten einbezogen als auch die hauptsächlichen Abnehmer, die Prozesse innerhalb des Unternehmens und auch die Entsorgung.

Fakt Nr. 38
Logistik umfasst die Bereiche
- Beschaffung von Materialien, Rohstoffen und Zulieferteilen,
- Produktion (innerbetriebliche Logistik),
- Distribution (Absatzlogistik) und
- Entsorgung (als Abschluss des Materialkreislaufs).

Beschaffung

Die Beschaffung bildet den Bereich der Logistik, der meist zuerst genannt wird. Ziel ist die Sicherstellung der mengen-, termin- und qualitätsorientierten Materialversorgung, die für die Produktion benötigt wird.

Welche Kennzahlen sind dabei wesentlich? Zunächst geht es um die Frage der Lieferfähigkeit und der Lieferbereitschaft.

Beispiel

Der Baustoffhändler Stein handelt u. a. mit Dachziegeln. Als der Dachdeckermeister Eich bei ihm 200 m^2 Biberschwänze bestellt, steht Herr Stein vor einer Frage: Er hat diese Ziegel zwar vorrätig, ist also lieferfähig, aber seine Erfahrungen mit Dachdecker Eich sind zwiespältig. Da dieser immer wieder Rechnungen nicht bezahlt hat, ist Herr Stein nur dann bereit, die Biberschwänze zu liefern, wenn sein Kunde bar und im Voraus bezahlt.

Das logistische Problem des Dachdeckers besteht also nicht nur darin, einen Lieferanten zu finden, sondern auch darin, liquide Mittel bereitzustellen – und das bereits bei der Bestellung der Ware. Die Möglichkeit, zunächst mit der Arbeit zu beginnen und dann aus einer vereinbarten Anzahlung des Bauherrn das beschaffte Material zu bezahlen, ist dem Dachdecker hier genommen.

Weiterhin ist die Lieferzuverlässigkeit ein wesentliches Merkmal der Beschaffungslogistik. Stellt sich beispielsweise heraus, dass der preiswerteste Anbieter nicht zuverlässig liefert, so kann es sinnvoll sein, einen anderen Lieferanten auszuwählen.

Beispiel

Ein Bauträger errichtet ein Mehrfamilienhaus. Der letzte Arbeitsgang vor der Übergabe an den Käufer ist die Endreinigung. Der kostengünstigste Anbieter ist die Reinigungsfirma Kurze. Zum vereinbarten Termin erscheint anstelle der Reinigungskolonne ein Fax mit der Nachricht, dass die Reinigung „aufgrund unvorhergesehener Ereignisse" erst eine Woche später erfolgen könne. Der Bauträger muss wegen der verspäteten Übergabe eine Vertragsstrafe zahlen. Diese ist höher als die Kostenersparnis durch den Zuschlag an die preiswerte, aber unzuverlässige Firma Kurze.

Wesentlich bei der Beschaffungslogistik ist weiterhin die Flexibilität der Lieferanten. Wie schnell können sie auf veränderte Anforderungen zu reagieren? Je enger die Verflechtung, je höher die Spezialisierung und je länger die Lieferkette ist, desto schwieriger ist es tendenziell, auf Veränderungen zu reagieren.

Wie bereits gesagt, bilden Zuverlässigkeit und Lieferfähigkeit nur eine Seite des logistischen Problems. Die andere Seite besteht aus den mit der Beschaffung verbundenen Kosten. In die Betrachtung sollten u. a. die folgenden Kosten einfließen:

- Lagerkosten, d. h. direkt durch die Einlagerung entstehende Kosten,
- Bestandskosten, d. h. Kosten, die durch die Finanzierung der Bestände entstehen,

Beispiel

Der Kauf der Schleifscheiben aus dem obigen Beispiel erfordert Geld. Wird ein Kontokorrentkredit in Anspruch genommen, sind dafür Zinszahlungen fällig. Wird Eigenkapital eingesetzt, muss man in seine Betrachtung einbeziehen, dass dieses Kapital damit nicht anderweitig verwendet werden kann und einem im einfachsten Fall Zinserträge aus einer Anlage entgehen.

- Transportkosten. Diese Kosten können je nach Lieferant stark variieren, allein schon abhängig von der Länge des Transportweges. Aber auch die genutzten Transportmittel können zu stark unterschiedlichen Kosten führen,
- System- und Steuerungskosten, Handlingkosten.

Auch Fragen der Kapazitätsausnutzung und der Grad der Transportauslastung spielen bei der Betrachtung eine Rolle.

Fakt Nr. 39
Logistische Entscheidungen bei der Beschaffung sind von einer Vielzahl von Einflussgrößen abhängig. Es ist wichtig, diese Einflussgrößen zu kennen und in die Betrachtung einzubeziehen. Einen einzigen richtigen Weg gibt es hier nicht.

Innerbetriebliche Logistik

In einem Produktionsbetrieb ist leicht vorstellbar, was sich hinter diesem Begriff verbirgt: Das Material wird aus dem Lager zum ersten Arbeitsgang gebracht, die Teile werden von Arbeitsplatz zu Arbeitsplatz transportiert, unfertige Produkte werden zwischengelagert, bis sie schließlich bei der Montage ein fertiges Produkt ergeben, und dieses wartet dann im Auslieferungslager auf den Transport zum Kunden.

Wenn Sie sich diese Schritte aber genau ansehen, werden Sie schnell erkennen, dass der größte Teil der Produktionszeit nicht von der eigentlichen Bearbeitung von Teilen beansprucht wird, sondern vielmehr von den Transportvorgängen und den Wartezeiten.

Fakt Nr. 40
Die innerbetriebliche Logistik optimiert den Transport der Teile von Arbeitsplatz zu Arbeitsplatz und die Zwischenlagerung. Diese Prozesse nehmen teilweise bis zu 90 Prozent der Herstellungszeit in Anspruch. Daraus ist ersichtlich, welche Reserven in der innerbetrieblichen Logistik stecken.

Im Kapitel zum Thema Produktion (S. 65 ff.) wurden bereits einige Möglichkeiten genannt, um die Transport- und Wartezeiten zu verkürzen. Was ist nun das Entscheidende der innerbetrieblichen Logistik bei Handels- oder Dienstleistungsunternehmen? Im Handel versteht man unter innerbetrieblicher Logistik alle Lagerungs-, Umschlags- und Transformationsvorgänge. Im Fall eines Großhändlers umfassen diese beispielsweise

- das Abpacken von Waren zum Versand,
- das Komissionieren von Waren,
- Zuschnittarbeiten.

Im Einzelhandel gehört dazu die Belieferung aus den Großhandelslagern oder direkt von einzelnen Herstellern.

Beispiel

Der Supermarkt im Wohngebiet führt eine gut sortierte Getränkeabteilung. Ein Großteil der Ware stammt aus dem Kommissionslager der Handelskette, das je nach Bestellung Paletten mit verschiedenen alkoholfreien Getränken oder mit Bier zusammenstellt. Darüber hinaus hat der Supermarkt aber auch einen Vertrag mit der ortsansässigen mittelständischen Brauerei. Er vertreibt deren Erzeugnisse exklusiv in diesem Stadtgebiet. Die Belieferung sowohl durch das Kommissionslager als auch durch die Brauerei als Hersteller gehören zur Logistik.

Weitere innerbetriebliche Logistikvorgänge im Einzelhandel sind z. B.

- das Auffüllen der Regale und die Kontrolle der Haltbarkeitsdaten,
- die Entsorgung von Verpackungsmaterial innerhalb der Verkaufsstelle bis hin zu den externen Sammelstellen (beispielsweise des dualen Systems mit dem „Grünen Punkt").

Bei Dienstleistungsanbietern sind die innerbetrieblichen Logistikprozesse stark von den spezifischen Leistungen geprägt.

Beispiel

Ein Anbieter von Seminaren muss dafür sorgen, dass die Teilnehmerunterlagen rechtzeitig im Seminarhotel eintreffen, die Teilnehmerurkunden verteilt werden und die Feedbackbögen an die Seminarorganisation geschickt werden. Darüber hinaus ist sicherzustellen, dass den Seminarleitern die erforderlichen technischen Hilfsmittel für ihre Präsentationen – Beamer, Flipchart und Ähnliches – zur Verfügung stehen, und nicht zuletzt gilt es, die Versorgung in den Kaffee- und Mittagspausen zu organisieren.

Distribution

Sind die Güter einmal hergestellt, so müssen sie auch zu den Endabnehmern gebracht werden. Die zielgerichtete und effiziente Organisation der Güterverteilung ist die Aufgabe der Absatzlogistik oder Distributionslogistik. Die Distributionslogistik ist Teil des Marketings. Deshalb wurde bereits im Kapitel zum Thema Marketing (S. 33 ff.) kurz darauf eingegangen. Den dort gestellten Fragen soll nun noch einmal intensiver nachgegangen werden.

Voranzuschicken ist, dass auch die Distributionslogistik Kosten verursacht, die sich letztlich im Preis des Produktes widerspiegeln. Für den Kunden ist immer wieder eine Frage entscheidend: Steht der gebotene und von ihm erwartete Lieferservice in einem angemessenen Verhältnis zu den Kosten und damit zum Preis?

Beispiel

Der Einzelhändler August Müller entschließt sich, die Freigabe der Ladenschlusszeiten auszunutzen, und öffnet sein Geschäft werktags bis 24 Uhr. Dazu muss er einen zusätzlichen Verkäufer einstellen.

Mehrkosten, die mit der Ausweitung von Ladenöffnungszeiten verbunden sind, schlagen sich meist in leicht erhöhten Preisen nieder – wie das schon lange in den Tankstellen-Shops üblich ist. Nur dann, wenn die Kunden höhere Preise auch akzeptieren, werden sich die längeren Öffnungszeiten lohnen.

Wesentliche Gebiete der Distributionslogistik sind

- die Auftragsabwicklung einschließlich der Bearbeitung von Bestellungen,
- das Lagerwesen (bezogen auf die Auslieferungslager),
- der Transport vom Unternehmen zu den Abnehmern.

Auftragsabwicklung

Viele Geschäfte beginnen mit einer einfachen Anfrage: Wir benötigen die Ware XY. Können Sie diese liefern? Wenn ja, zu welchen Konditionen? Die Beantwortung einer solchen Anfrage stellt eine Reihe von Anforderungen und löst eine Reihe von Aktivitäten aus. Dazu gehören die folgenden:

- Ist unser Unternehmen inhaltlich und hinsichtlich der gewünschten Termine in der Lage, den Auftrag auszuführen? Er muss mit der Produktionsorganisation abgestimmt werden, das erforderliche Material sollte vorhanden sein und vieles mehr. Darüber hinaus muss gegebenenfalls ein Preis kalkuliert werden. Diese Abstimmung muss in relativ kurzer Zeit erfolgen, denn der potenzielle Kunde wird nicht ewig auf eine Antwort warten wollen.

Beispiel

Der Tennisclub Weiß-Blau Rotenstein möchte anlässlich des Clubjubiläums ein Turnier veranstalten, bei dem alle Teilnehmer einen Erinnerungsbierkrug erhalten. Der Sportwart fragt beim Hersteller Kalau GmbH an, ob dieser bis zum 30. August 2000 Bierkrüge mit dem Vereinslogo liefern kann.

- Ein Angebot muss erstellt werden.
- Bei Annahme des Angebots muss der Auftrag in die Produktion eingesteuert werden.
- Das Logo muss als Designelement von einem Zulieferer bestellt werden.
- Die hergestellten Bierkrüge müssen vor dem Brennen mit dem Logo des Vereins versehen werden.
- Die Auslieferung muss termingerecht erfolgen.
- Nach der Auslieferung muss die Rechnung erstellt werden.
- Die Buchhaltung muss alle mit dem Auftrag verbundenen Vorgänge korrekt verbuchen.

Die Organisation all dieser Vorgänge gehört zur Vertriebslogistik, speziell zur Auftragsabwicklung.

Fakt Nr. 41
Für häufig auftretende, ähnlich geartete Anfragen werden organisatorische Lösungen entwickelt, die die einzelnen Schritte vorschreiben. Darüber hinaus sollte aber immer auch Raum für Sonderfälle vorhanden sein.

Lagerwesen

Nur in den seltensten Fällen wird die fertige Ware „vom Band weg" direkt an den Endabnehmer verschickt. Stattdessen wird sie zunächst in ein Fertigwarenlager gebracht.

Aufgaben der Logistik der Absatz- oder Auslieferungslager sind u. a.:

- die Zusammenstellung von Waren nach Kundenaufträgen. Insbesondere Produkte, die nicht von vornherein für einen speziellen Abnehmer vorgesehen sind, werden zunächst „auf Lager" produziert;
- die enge Zusammenarbeit mit der Produktionssteuerung, um die Herstellung neuer Produkte zu veranlassen, sobald der Vorrat zur Neige geht.

Beispiel

Die Shirt-Factory AG stellt u. a. T-Shirts her. Die Produktion eines Loses dauert zehn Tage. Wenn der Lagerbestand unter 1 000 Shirts sinkt, muss ein neuer Produktionsauftrag ausgelöst werden, da täglich etwa 80 T-Shirts geordert werden. Die rechnerische Differenz von 200 T-Shirts wird als eiserne Reserve gehalten.

Auch die Frage, wo Auslieferungslager eingerichtet werden sollen, kann eine wichtige Frage der Vertriebslogistik sein. So kann es von entscheidender Bedeutung sein, dass ein Auslieferungslager nicht weit entfernt von einem Hauptabnehmer unterhalten wird. Insbesondere dann, wenn Just-in-time-Lieferung erforderlich ist, kann es nötig sein, dass in der Nähe des Abnehmers ein Auslieferungslager unterhalten wird. Auf diese Weise wird wertvolle Transportzeit eingespart. Die

Kosten solch eines (zusätzlichen) Auslieferungslagers müssen allerdings in die Preise der Produkte einkalkuliert sein.

Auch im Exportgeschäft können Auslieferungslager sehr bedeutsam sein. Befindet sich die Ware bereits im Ausland, sind einerseits keine zeitraubenden Transporte, andererseits aber auch Verzollung und Ähnliches nicht mehr erforderlich. Auf diese Weise kann die Flexibilität oft deutlich erhöht werden.

Beispiel

Die Schneidemühl GmbH bedient sich in ihrem Hauptexportland Ukraine eines Kommissionärs. Dieser übernimmt den Vertrieb vor Ort.

Fakt Nr. 42
Die Frage, ob und wo Auslieferungslager außerhalb des eigenen Unternehmens eingerichtet werden, ist sorgfältig zu prüfen. Externe Auslieferungslager sind nur dann sinnvoll, wenn die betreffenden Lieferbeziehungen relativ stabil und langfristig angelegt sind.

Transportorganisation

Last but not least ist zu klären, wie die Ware zum Endabnehmer transportiert wird. Dabei sind u. a. die folgenden Punkte wesentlich:

Was ist der wirtschaftlichste Transportträger?

Zumeist ist in diesem Fall zu entscheiden nach Maßgabe der Menge, die mit einem Mal transportiert werden kann, dem Preis für eine bestimmte Transportmenge und -strecke und der Dauer des Transports.

Beispiel

Der Versand von Laufschuhen kann mittels Lkw-Transport, Bahntransport und, zumindest im Exportgeschäft, per Schiff erfolgen. Während der Lkw der flexibelste und schnellste Transportträger ist, ist der Transport per Seefracht konkurrenzlos preiswert, dauert aber auch am längsten.

Bei der Entscheidung über den Transportträger ist nur in wenigen Fällen ein einfacher Zusammenhang zwischen einzelnen Produkten und bestimmten Transportträgern herzustellen. Vielmehr hängt die Entscheidung immer von den konkreten Gegebenheiten ab. So kann es bei einem Auftrag sinnvoll sein, den Lkw zu wählen, beim nächsten Auftrag – der das gleiche Produkt betrifft – die Bahn.

Fakt Nr. 43
Die Entscheidung über den Transportträger ist immer von den konkreten Rahmenbedingungen abhängig. Die Entscheidungskriterien sind in der Regel die Flexibilität des Transportträgers, die mit einem Mal zu transportierende Menge und der Preis.

Wer führt den Transport aus?

Hat man sich einmal für einen Transportträger entschieden, muss man im nächsten Schritt eine konkrete Spedition auswählen. Das Hauptkriterium wird sicherlich der Preis sein. Darüber hinaus können aber noch weitere Faktoren wie etwa die folgenden eine Rolle spielen:

- Zuverlässigkeit der Spedition. Schließlich will man sicher sein, dass die Ware auch unversehrt und pünktlich am Zielort eintrifft.

- Eventuell erforderliche Spezialkenntnisse. Nicht jede Spedition verfügt über die erforderlichen Spezialtransportmittel beispielsweise für Glas.
- Möglichkeiten zur Kombination bestimmter Fahrten. So ist es immer sinnvoll, Leerfahrten zu vermelden und beispielsweise die Anlieferung von Material mit der Abholung von Fertigwaren zu verbinden.

In vielen Fällen bilden sich langfristige Beziehungen zwischen Produzenten und Transporteuren heraus. Aber auch dann, wenn man eigentlich mit der Situation zufrieden ist, sollte man gelegentlich prüfen, ob andere Varianten kostengünstiger sind.

Entsorgungslogistik

Entsorgungslogistik ist eine relativ junge Teildisziplin. Bisher wurde die Logistik vor allem aus der Sicht der Versorgung und der innerbetrieblichen Abläufe gesehen.

Ein wichtiges Ziel der Entsorgungslogistik ist die Sicherung der gesetzeskonformen Abfallentsorgung. Aber es geht nicht nur darum, gesetzliche Pflichten bei der Abfallentsorgung zu erfüllen. In manchen Fällen kann eine sinnvolle Entsorgung auch zu wirtschaftlich positiven Effekten führen.

Beispiel

Die Papierfabrik Just GmbH verwendet als Rohstoff ausschließlich Altpapier. Etwa 10 bis 12 Prozent des Altpapiers können wegen Verunreinigungen nicht mehr zur Papierherstellung genutzt werden und werden deshalb deponiert. Die auf der Deponie entstehenden Gase verwendet das Unternehmen zur Energieerzeugung im hauseigenen Kraftwerk und macht sie dadurch wieder für den Prozess der Papierherstellung nutzbar.

Auch andere Kopplungen sind denkbar. So können die Abfallprodukte eines Unternehmens gleichzeitig Rohstoffe für andere Unternehmen sein. Das ist beispielsweise bei Kleinkraftwerken der Fall, die Stroh oder Holzschnitzel verbrennen.

Neben diesen Beispielen, die vor allem die energetische Nutzung von Abfallprodukten betreffen, gehören zur Entsorgungslogistik aber auch die üblichen Prozesse der Abfallentsorgung im Sinne einer Kreislaufwirtschaft.

Beispiele

Die Hersteller von Elektrogeräten müssen Altgeräte kostenfrei zurücknehmen und umweltgerecht entsorgen.

Das Gleiche gilt für Automobilhersteller, die nicht mehr nutzbare und nicht verkäufliche Altfahrzeuge abnehmen müssen.

Entsorgung bedeutet also die Verwertung und Beseitigung der Abfälle, die während des Leistungserstellungsprozesses anfallen.

Personal managen

Personal ist ein ganz besonderer Produktionsfaktor: Es lebt, hat Gefühle und ist von Stimmungen abhängig. Demzufolge können die Leistungen auch deutlich schwanken.

Neben den arbeitsrechtlichen Rahmenbedingungen spielen im Personalmanagement eine wichtige Rolle:

- die Werbung und Auswahl geeigneter Mitarbeiter (S. 114 ff.),
- die Führung und Motivation von Mitarbeitern (S. 119 ff.).

Wie in den anderen Bereichen des Unternehmens, ist auch hier das Ziel, ein möglichst günstiges Verhältnis zwischen Aufwand und Ertrag zu erreichen.

Personal beschaffen

Da es sich hierbei um das wichtigste Element im Unternehmen– um Menschen – handelt, verbietet sich schon aus ethischen Gründen eine rein wirtschaftliche Betrachtung unter dem Gesichtspunkt „hire and fire". Die Personalbeschaffung hat also mit ausgesprochener Sorgfalt zu erfolgen.

Fakt Nr. 44
Die Deckung des Personalbedarfs erfolgt nicht nur hinsichtlich der Anzahl der erforderlichen Mitarbeiter. Da Arbeitsleistungen von unendlicher Vielfalt sind, ist es außerdem nötig, die für die erforderliche Leistung richtigen Mitarbeiter zum richtigen Zeitpunkt am richtigen Ort zu haben (qualitativer Aspekt).

Die zwei folgenden Punkte sind bei der Personalbeschaffung besonders bedeutsam:

- die Werbung von Personal (und zwar sowohl innerbetrieblich als auch extern) und
- die Auswahl aus einem Kreis von mehreren Kandidaten.

Personal werben

Stellt sich heraus, dass das vorhandene Personal nicht ausreicht, um die Ziele des Unternehmens zu erfüllen, muss dafür gesorgt werden, dass geeignete Mitarbeiter für die noch offenen Stellen zur Verfügung stehen.

Interne Personalbeschaffung

Entgegen der landläufigen Auffassung besteht der erste Schritt nicht zwangsläufig darin, neue Mitarbeiter einzustellen. Vielmehr sollte man zunächst versuchen, durch Umsetzungen innerhalb des Unternehmens die Arbeitsaufgaben zu erfüllen. Der Fachbegriff hierfür lautet interne Personalbeschaffung.

Beispiel

Die Mediphone GmbH muss einen Großauftrag fertigstellen, für den eine Lieferung in zwei Monaten vorgesehen ist. Die Betriebsleitung fordert bestimmte Abteilungen zunächst auf freiwilliger Basis zu zeitlich befristeter Mehrarbeit gegen zusätzliche Entlohnung auf.

Im Rahmen der internen Personalbeschaffung werden keine neuen Mitarbeiter eingestellt. Stattdessen versucht man, den Arbeitskräftebedarf durch Verlängerungen der vertraglichen Arbeitszeit oder durch Umverteilung der Aufgaben abzudecken. Eine weitere Form ist die – allerdings arbeitsrechtlich nur begrenzt zulässige – Anordnung von Überstunden. Aber auch die dauerhafte Neubesetzung von Arbeitsplätzen kann durch interne Personalbeschaffung vorgenommen werden. Durch interne Stellenausschreibungen wird versucht, interessierte Mitarbeiter aus dem eigenen Unternehmen zu finden. Diese Form ist meist nur bei größeren Unternehmen sinnvoll, bei kleineren hingegen hat der Personalchef meist einen Überblick über die Mitarbeiter, die infrage kommen.

> Fakt Nr. 45
> Bei internen Personalbeschaffungsmaßnahmen ist darauf zu achten, dass die Versetzung von Mitarbeitern Lücken an anderen Stellen reißen kann. Aus diesem Grund sind immer die Belange des ganzen Unternehmens im Auge zu behalten.

Externe Personalbeschaffung

Ist es nicht möglich, Personal intern zu beschaffen, so muss über externe Personalbeschaffung, also die Zuführung zusätzlicher Arbeitskräfte von außen nachgedacht werden.

Beispiele

Der Installateurbetrieb Schulze meldet eine freie Stelle bei der örtlichen Agentur für Arbeit.

Ein Großhändler annonciert in einer überregionalen Tageszeitung eine Stelle als Abteilungsleiter Controlling.

Ein international tätiges Großunternehmen der Elektroindustrie beauftragt einen Personalberater, einen Niederlassungsleiter für Osteuropa zu suchen.

Besteht der Bedarf langfristig, werden sicherlich neue Mitarbeiter eingestellt. Bei kurzfristigen Bedarfsspitzen wird der Bedarf auch häufig über den Einsatz temporärer Arbeitskräfte abgedeckt. Dies geschieht entweder über Zeitarbeitsfirmen oder anhand von befristeten Arbeitsverträgen.

Die Möglichkeiten, auf dem externen Arbeitsmarkt Personal anzuwerben, sind vielfältig. Welche davon die günstigste ist, hängt in erster Linie von der zu besetzenden Stelle und von der allgemeinen Personalpolitik des Unternehmens ab.

Personal auswählen

In der Regel bewirbt sich nicht nur eine Person um eine freie Stelle. Es geht also darum, aus dem Kreis der Bewerber die am besten geeignete Person zu ermitteln. Der Ablauf einer Bewerbung und der darauf folgenden Auswahl richtet sich meist nach dem folgenden Muster:

1. Der Bewerber reicht Bewerbungsunterlagen ein, durch die das Unternehmen einen ersten Eindruck erhält.
2. Die in die engere Wahl gelangten Bewerber werden zu einem Gespräch eingeladen.
3. In einigen Fällen werden Tests – z. B. allgemeine Leistungstests, Einstellungstests, die besondere erforderliche Fertigkeiten überprüfen, Persönlichkeits- oder Intelligenztests – durchgeführt.
4. Insbesondere bei Stellen, die besondere Anforderungen an den Bewerber stellen, werden Assessment-Center (AC) veranstaltet, die eine vielfältige Beurteilung ermöglichen.

Zunehmend öffnen sich Unternehmen der elektronischen Form der Bewerbung. Das senkt einerseits den Aufwand bei der Prüfung und eventuellen Rücksendungen von Papieren. Andererseits ist die elektronische Form zumeist unpersönlicher und erleichtert auch das Manipulieren von Unterlagen.

> Fakt Nr. 46
> Bewerbungsunterlagen werden häufig nach rein formalen Gesichtspunkten geprüft. Diese betreffen bestimmte, zwingend erforderliche Eigenschaften und Qualifikationen des Bewerbers, aber oft auch die äußere Gestaltung der Unterlagen, aus der nicht nicht selten Rückschlüsse auf die Persönlichkeit des Bewerbers gezogen werden.

Die Analyse der eingereichten Bewerbungsunterlagen dient meist der Vorauswahl. Die Stufen im Anschluss daran sind für Unternehmen durchweg recht aufwendig. Aus diesem Grund sollte bereits die Sichtung der Unterlagen sorgfältig erfolgen.

Diejenigen Bewerber, die die Eingangsvoraussetzungen erfüllen, werden meist zu einem persönlichen Gespräch eingeladen. Hierbei ist zu unterscheiden nach

- Einführungsinterview und
- Einstellungsinterview.

Während die erstgenannte Form vor allem der gegenseitigen Gewinnung von Informationen dient, soll beim Einstellungsinterview in der Regel die Einstellungsentscheidung fallen. Auch Details der Vertragsgestaltung werden hier besprochen.

Ein Assessment-Center ist ein standardisiertes Auswahlverfahren, an dem meist mehrere Bewerber teilnehmen. Diese werden unter verschiedenen Gesichtspunkten von Beobachtern – meist handelt es sich dabei um Führungskräfte des Unternehmens – beurteilt. In Interviews, Fallstudien und Präsentationen wird geprüft, inwieweit die Bewerber die Eigenschaften besitzen, die sie für die spätere Tätigkeit benötigen.

Beispiel

Teamleiter in der Kundenbetreuung einer Bank sollen u. a. im Umgang mit Kunden stilvoll und kommunikativ, aber auch abschlussorientiert und im eigenen Team durchsetzungsstark sein. Außerdem sollen sie fähig sein, komplexe Aufgaben strukturiert zu lösen und unter Anspannung den Überblick zu bewahren.

Ein Assessment-Center der Bank könnte eine Aufgabe enthalten, die die Gruppe gemeinsam zu lösen hat. Hier wird beobachtet, wer die Führung übernimmt und wie substantiiert die Vorschläge sind. Eine unter Zeitdruck zu lösende Aufgabe, die einzelnen Aktivitäten bei der Vorbereitung und Durchführung eines Filialumzuges in einen sinnvollen Ablauf zu bringen, dient der Prüfung der Fähigkeit, Probleme zu strukturieren und unter Stress zu lösen.

Die meisten Kandidaten unterschätzen die Bedeutung dessen, dass bereits das gemeinsame Essen am Vorabend Rückschlüsse auf allgemeine Umgangsformen, aber auch auf soziale Kompetenz und Kommunikationsfähigkeit zulässt.

Der zeitliche Aufwand für Assessment-Center ist relativ hoch. Sie dauern mindestens einen Tag, oft ziehen sie sich aber auch über zwei bis drei Tage hin.

Assessment-Center sind nicht unumstritten. Insbesondere dann, wenn einzelne Kandidaten gegeneinander ausgespielt werden und es darum geht, andere Teilnehmer auch mit unfairen Mitteln auszustechen, ist die Grenze einer sinnvollen Auswahl überschritten.

Mitarbeiter führen

„Der durchschnittliche Mitarbeiter lästert vier Stunden pro Woche über seine Vorgesetzten, hat das Münchener Geva-Institut herausgefunden." (U. Kals, Wenn Chefs nicht führen können, in: Frankfurter Allgemeine Zeitung vom 14. Juli 2007, S. C1.) Woran liegt das? Mitarbeiterführung wird zu oft als Nebensache, nicht aber als Führungsaufgabe betrachtet.

Führung mit Stil

Führung kann einerseits ein klar hierarchisches Herangehen sein: Der Chef bestimmt, was getan wird, und die Mitarbeiter haben zu „funktionieren“. Das andere Extrem ist, die Dinge in der Hoffnung, es werde sich schon regeln, einfach laufen zu lassen. Das ist streng genommen gar keine Führung.

Eines ist aber sicher: Führung ist keine Privatsache. Der Stil, der dem Management eines Unternehmens zu Eigen ist, hat einen viel zu großen Einfluss auf den Unternehmenserfolg, als dass Sie ihn dem Zufall überlassen sollten.

> Fakt Nr. 47
> Der individuelle Stil der Führungskräfte, persönliche Mentalitäten und ihre Beziehungen zu den Mitarbeitern mögen recht unterschiedlich sein. Eines sollte aber generell gelten: Alle Führungskräfte sollten zumindest ihren persönlichen Führungsstil selbstkritisch überprüfen. Sie sollten sich überlegen, inwieweit er geeignet ist, Mitarbeiter dazu zu motivieren, sich für die Ziele des Unternehmens einzusetzen.

Der richtige Führungsstil ist abhängig von bestimmten Rahmenbedingungen. Die Palette der Stile reicht dabei vom autoritären Stil über das kooperative Miteinander bis hin zur demokratischen Entscheidungsfindung.

Autoritäre Anweisungen

Beispiel

Frau Ring, Abteilungsleiterin einer Wohnungsgesellschaft, beauftragt den Betriebshandwerker, gemeinsam mit einem Hausmeister endlich die defekte Eingangstür des Hauses Nr. 2 c zu reparieren. Der Auftrag ist bis 16 Uhr zu erledigen.

Die in diesem Beispiel dargestellte Art zu führen, ist zweifellos autoritär. In der geschilderten Situation ist das auch mit hoher Wahrscheinlichkeit richtig so. Erstens ist Gefahr im Verzug, wenn die Haustür über Nacht nicht sicher verschlossen werden kann. Und zweitens gibt es über Sinn oder Unsinn des Auftrags, die Art der Ausführung oder den Termin nicht viel zu diskutieren. Lediglich dann, wenn der Handwerker aus wichtigen betrieblichen Gründen nicht in der Lage ist, die Reparatur auszuführen – z. B. weil schon ein anderer, ebenso wichtiger Auftrag vorliegt –, muss er das seiner Vorgesetzten mitteilen.

Wann also ist ein eher autoritärer Führungsstil angebracht? Autoritäres Führen ist vor allem geeignet

- in Situationen, die rasche Entscheidungen verlangen,
- bei starkem Know-how-Gefälle zwischen Führungspersönlichkeit und Mitarbeiter,

Beispiel

Ein angelernter Hilfsarbeiter könnte schlicht überfordert sein, wenn er seine Arbeit selbständig einteilen soll. Klare Anweisungen sind in diesem Fall auch für ihn die bessere Lösung.

- wenn die Arbeitsaufgaben Routineaufgaben sind, die geringe Anforderungen an die Kreativität und Eigeninitiative stellen,
- wenn der Organisationsgrad des Unternehmens sehr hoch, die Hierarchie sehr stark ausgeprägt ist.

In solchen Situationen ist der autoritäre Führungsstil angebracht. Er hat im Wesentlichen die folgenden Vorteile:

- rasche Entscheidungen möglich, bei klarer Rollenverteilung,
- erleichterte Koordination durch eindeutige „Befehlsgewalt",
- Nutzung der Spezialkenntnisse von Mitarbeitern,
- höhere Zufriedenheit bei autoritätsangepassten Mitarbeitern.

Kooperatives Miteinander

Beispiel

Im Team werden die Aufgaben des kommenden Monats besprochen. Nachdem die wesentlichen Argumente zur Festlegung der Reihenfolge der anstehenden Arbeiten ausgetauscht wurden, entscheidet der Teamleiter über die Aufgaben und die Kollegen, die im Einzelnen damit betraut werden.

Hier wird zunächst gemeinsam nach sinnvollen Lösungen gesucht. Die Entscheidungsbefugnis liegt jedoch allein beim Teamleiter. Er ist für die Ergebnisse der Arbeitsgruppe verantwortlich, und demgemäß wird er seine Anweisungen geben. Ein kooperativer Führungsstil räumt den Mitarbeitern deutlich mehr Mitspracherechte ein als ein autoritärer. Ungeachtet dessen gelten eindeutige hierarchische Beziehungen, die durch Anweisungen zum Ausdruck kommen. Diese Anweisungen beruhen aber in der Regel auf gemeinsam besprochenen Zielen und auf gemeinsamen Überlegungen, wie diese Ziele erreicht werden können.

Demokratische Entscheidungsfindung

In der freien Wirtschaft ist echte Demokratie eher untypisch. Aufgrund des ungleich verteilten Risikos zwischen Kapitalgebern und Arbeitnehmern würde ein echtes demokratisches Vorgehen schnell zu Ungerechtigkeiten führen.

Beispiel

In einem demokratischen Entscheidungsprozess beschließen die Mitarbeiter eine Reduzierung der Arbeitszeit bei gleichzeitiger Erhöhung der Löhne um 10 Prozent.

Es ist offensichtlich, dass eine solche Vorgehensweise nicht tragfähig ist. Dennoch hat ein demokratischer Führungsstil in bestimmten Fällen seine Berechtigung, z. B.

- bei Mitarbeitern mit hoher Leistungsmotivation und Eigeninitiative;
- in Situationen und bei Aufgaben, die Kreativität erfordern (etwa bei hoch komplexen und innovativen Prozessen);
- bei lockerer Hierarchie und Beschränkung der Organisation auf Rahmenbedingungen, die durch die Mitarbeiter eigenverantwortlich erfüllt werden.

Der demokratische Führungsstil hat vor allem drei Vorteile. Erstens ermöglichen der Einbezug des Sachverstandes und der Ideen der Mitarbeiter sowie die bessere Ausschöpfung ihres Kreativitätspotenzials bessere Entscheidungen. Zweitens sind engagierte Mitarbeiter motivierter, und drittens wird der Führungsnachwuchs gefördert.

Fakt Nr. 48
In der Praxis lassen sich die einzelnen Führungsstile nicht sauber voneinander abgrenzen. Jede Führungskraft wird Elemente der genannten Stile auf sich vereinigen. Jedoch sind Tendenzen feststellbar. Führungskräfte sollten sich immer wieder aufs Neue Gedanken machen, inwieweit ihr Führungsstil die Motivation der Mitarbeiter fördert und damit zur Zielerreichung des Unternehmens beiträgt.

Führung mit Konzept

Die konkrete Form der Führung ist gekennzeichnet durch Managementkonzeptebzw. Managementmodelle. Je nachdem, welchen Führungsstil sie praktizieren, setzen die Führungskräfte ihre Managementkonzepte vor allem mit dem Ziel um, von Routineaufgaben entlastet zu werden. Es gibt eine ganze Reihe von Managementkonzepten, die durch die Bezeichnung „Management by ..." voneinander unterschieden werden. Einige davon sind ernst gemeint, andere sind weniger ernst gemeint. Auf die bekanntesten wird nun kurz eingegangen.

Management by Exception

Dieses Konzept lässt sich kurz umschreiben mit „Führung durch Kontrolle". Was ist damit gemeint? Der eigentliche

Hintergrund ist besser zu verstehen, wenn man den allgemeinen Begriff Kontrolle durch das Wort Abweichungskontrolle ersetzt: Der Vorgesetzte greift erst dann ein, wenn bestimmte Rahmendaten über- oder unterschritten werden.

Beispiel

Herr Dicke arbeitet als Disponent in der Auftragssteuerung. Er ordnet Fertigungsaufträge nach bestimmten Prioritäten selbständig ein. Immer dann, wenn die Fertigungskapazitäten zu weniger als 80 Prozent ausgelastet werden können, oder dann, wenn Aufträge länger als drei Tage warten müssen, informiert er seinen Chef, der dann nach Lösungen sucht und eine Entscheidung trifft.

Die Führung greift also nur in Ausnahmesituationen ein, d. h. wenn festgelegte Grenzen überschritten werden. Sie wird dadurch vom täglichen Klein-klein entlastet. Die Mitarbeiter arbeiten im Rahmen der ihnen gewährten Kompetenzen selbständig, aber nach wie vor unter Kontrolle des Vorgesetzten. Bei Problemen können sie jederzeit von der Führungskraft Unterstützung anfordern.

Fakt Nr. 49
Bei „Management by Exception" ist es von entscheidender Bedeutung, dass im Voraus klare Rahmendaten festgelegt werden. Die Führungskraft wird regelmäßig informiert, auch wenn Toleranzgrenzen nicht überschritten wurden. Die Verantwortung bleibt bei der Führungskraft.

Management by Exception ist damit eher ein Prinzip der individuellen Führung als ein in sich geschlossenes Managementmodell.

Management by Delegation

Auch hier soll der Vorgesetzte entlastet werden, allerdings durch deutlich mehr eigenverantwortliche Entscheidungen der Mitarbeiter.

Beispiel

Frau Adler ist in einer großen Verwaltung u. a. verantwortlich für etwa 50 Hausmeister in mehr als 20 über das gesamte Stadtgebiet verteilten Objekten. Für alle Objekte hat sie einen Objektverantwortlichen eingesetzt, dessen Aufgabe darin besteht, die eigene Arbeit und die seiner Kollegen zu organisieren und abzurechnen.

Der Entscheidungsrahmen der Mitarbeiter ist wesentlich weiter gesteckt als bei der reinen Abweichungskontrolle. Wesentliche Aufgaben werden delegiert – und müssen von der Stelle, an die sie delegiert wurden, auch erfüllt werden.

Fakt Nr. 50
Das sinnvolle Delegieren von Aufgaben entlastet nicht nur die Führungskraft, sondern kann auch die Motivation der Mitarbeiter stärken. Wenn Mitarbeiter erkennen, dass sie bei der Ausführung von für das Unternehmen wichtigen Aufgaben selbst Entscheidungen treffen können, führt das in der Regel zu einem deutlichen Motivationsschub.

Was ist bei der Delegation von Aufgaben zu beachten?

- Es sollten nicht nur uninteressante oder Routineaufgaben delegiert werden, mit denen sich die Führungskraft nicht beschäftigen will.
- Als Vorgesetzter sollte man im Vorfeld genau überlegen, ob die Mitarbeiter, die für die eigenverantwortliche Übernahme von Aufgaben vorgesehen sind, auch die dazu er-

forderlichen Fähigkeiten und Kenntnisse besitzen. Sie zu überfordern, würde das Gegenteil bewirken, nämlich Demotivation.

- Es reicht nicht aus, lediglich Aufgaben zu delegieren. Die Erfüllung der mit den Aufgaben verbundenen Ziele sollte regelmäßig und objektiv kontrolliert werden.
- Wurde eine Aufgabe erst einmal delegiert, so sollte sich der Vorgesetzte nicht in die konkrete Umsetzung einmischen. Es geht vielmehr darum, die Erfüllung zu kontrollieren, nicht jedoch die Art und Weise der Ausführung!

Beispiel

Der Sachbearbeiter Hildebrandt soll selbständig Kundenkontakte halten und neue Geschäfte anbahnen. Sein Vorgesetzter, Herr Fischer, hat ihm dazu abrechenbare Ziele vorgegeben. Herr Fischer fragt mehrmals am Tage nach, ob dieser oder jener Kunde bereits angerufen wurde, verlangt bestimmte Formulierungen in Briefen und kommt ungefragt zu Kundenterminen hinzu, um sofort die Gesprächsführung zu übernehmen. Er kann überhaupt nicht verstehen, warum Herr Hildebrandt verärgert ist und meint, er fühle sich gegängelt.

- Die Mitarbeiter, die Aufgaben übernehmen, müssen auch mit den erforderlichen Kompetenzen ausgestattet werden. Es ist kontraproduktiv, wenn sie zwar Entscheidungen treffen, deren Umsetzung aber erst genehmigen lassen müssen.

Voraussetzung für Management by Delegation ist ein hierarchisches System im Unternehmen, in dem Aufgaben genau zugeordnet werden können. Darüber hinaus ist ein gut funktionierendes Kontroll- und Berichtssystem erforderlich, in dem die involvierten Mitarbeiter auch die nötigen Querinformationen zur Verfügung gestellt bekommen.

Management by Objectives

Hier spielt die Eigeninitiative der Mitarbeiter eine noch größere Rolle. Sie arbeiten nach Maßgabe von vereinbarten Zielen, und ihre Leistungen werden gemessen an der Zielerreichung. Aber es geht nicht allein um die Messung der Leistung. Vielmehr ist auch die Entlohnung zumindest teilweise an die erzielten Arbeitsergebnisse gekoppelt.

Beispiel

Ein Mitarbeiter im Entstördienst eines Telekommunikationsunternehmens wird u. a. gemessen an der Zahl der Beschwerden oder Anfragen wegen nicht fristgemäßer Beseitigung von Störungen. Wird ein bestimmtes Maß überschritten, gibt es Abzüge vom Gehalt.

Dies ist eine negative Kopplung, es wird etwas abgezogen. Genauso gut oder wahrscheinlich besser ist es, wenn zusätzliche Entlohnungsbestandteile an das Erreichen der vereinbarten Ziele gebunden werden.

Die vorgegebenen Ziele gelten in vielen Fällen nicht nur für einzelne Mitarbeiter, sondern für ganze Teams. Das führt dazu, dass sich Teams selbst organisieren und alle Mitarbeiter gemeinsam an der Erreichung der Ziele interessiert sind.

Fakt Nr. 51
Ziele, an denen Mitarbeiter gemessen werden sollen, müssen realistisch sein. Überhöhte Ziele führen zu Frust, zu lasche Ziele dazu, dass aus taktischen Gründen nicht die volle Leistung erbracht wird.

Die Zielerreichung muss selbstverständlich vom Team auch beeinflussbar sein. Ist der Erfolg an Voraussetzungen gekoppelt, die außerhalb des Wirkungsbereiches der Mitarbeiter liegen, so verliert das Hauptargument dieser Managementmethode, nämlich das Führen anhand von objektiven Kriterien, seine Geltung. Außerdem ist zu bedenken: Vage formulierte Ziele, die nicht messbar sind („gute Beratungsqualität", „schnelle Reaktion"), sind für Management by Objectives nicht geeignet.

Beispiel

Der Mitarbeiter im Entstördienst soll schnell reagieren. Das Ziel „schnelle Reaktion" wird folgendermaßen objektiviert: 50 Prozent der Störfälle am Tage des Eingangs der Störungsmeldung müssen bis 18 Uhr, die restlichen 50 Prozent innerhalb von 24 Stunden erledigt sein. Dies sind Größen, an denen sich der Grad der Zielerreichung messen lässt

Richtig angewendet, kann Management by Objectives dazu führen, dass sich Mitarbeiter mit dem Unternehmen identifizieren und Eigeninitiative entwickeln.

Nicht alle Management by-Ansätze sind ernst gemeint. „Management by Helikopter" (einfliegen – Staub aufwirbeln – abfliegen) oder „Management by Nilpferd" (auftauchen – Maul aufreißen – abtauchen) sind eher als klassische Bürowitze einzuordnen, obwohl auch hinter ihnen oft ein Körnchen Wahrheit steckt, da sie aufgrund der Unzufriedenheit der Mitarbeiter mit dem Führungsstil ihrer Vorgesetzten entstehen.

Umgang mit Konflikten

Nicht Konflikte als solche sind problematisch, sondern die Form, in der sie ausgetragen werden. Konflikte treten nicht nur zwischen Vorgesetzten und Mitarbeitern auf, sondern auch zwischen gleichrangigen Beschäftigten. Immer aber gehört es zu den Aufgaben einer Führungskraft, ordnend einzugreifen, wenn Konflikte eskalieren und das Klima im Unternehmen verschlechtern. Andererseits können Konflikte auch produktiv sein, nämlich dann, wenn sie zu höherer Leistung anspornen.

> Fakt Nr. 52
> Die Führung von Mitarbeitern ist unweigerlich auch mit dem Auftreten von Konflikten verbunden. Zu deren Lösung gibt es eine Reihe von Methoden. Wichtig ist, den Konflikt nicht einfach zu ignorieren. Auch sollte die Lösung nach Möglichkeit nicht zur Folge haben, dass eine Partei definitiver Verlierer ist und ihr Gesicht verliert.

Erste mögliche Maßnahmen zur Konfliktlösung können sein:

- Förderung der Kommunikation zwischen den Konfliktparteien,

Beispiel

Die Stimmung zwischen den beiden Abteilungsleitern A und B ist gereizt. In der nächsten Leitungssitzung greift der Bereichsleiter das Thema auf und führt die Unstimmigkeiten zwischen den beiden Herren auf eine sachliche Ebene zurück. Es stellt sich heraus, dass es nicht das „was" ist, hier haben beide ganz ähnliche Vorstellungen, sondern das „wie", nämlich die unterschiedliche Herangehensweise.

- Intensivierung der Kontakte, beispielsweise durch gemeinsame Seminare,
- Hervorheben der gemeinsamen Ziele,
- Austausch von Mitgliedern der in Konflikt geratenen Gruppen (Job Rotation) oder Neuverteilung von Aufgaben, die weniger Reibungspunkte mit sich bringt.

Je nachdem, wie weit der Konflikt schon eskaliert ist, gelten die folgenden Methoden zur Konfliktlösung als zweckmäßig:

1. Moderation: Ein neutraler Moderator versucht, die Problemdarstellung so zu strukturieren, dass alle Beteiligten eine bestimmte Lösung als sinnvollste Variante betrachten.
2. Prozessbegleitung: Der Vorgesetzte versucht, eine festgefahrene Situation zu lockern.
3. Vermittlung: Es wird nach einem Kompromiss gesucht, der die Interessen aller Beteiligten berücksichtigt. Ein echter Kompromiss tut allen Seiten weh, da jeder einen Teil seiner Positionen aufgeben muss.
4. Schiedsverfahren durch externe Lösung des Problems: Der Schiedsrichter bildet sich ein eigenes Urteil. Bereits im Vorfeld haben sich alle Beteiligten verpflichtet, die Entscheidung des Schiedsrichters zu akzeptieren.
5. Machteingriff: Der Vorgesetze trifft in autoritärer Weise, d. h. auch gegen den Willen der Streitenden, ihm sinnvoll erscheinende Maßnahmen.

Mitarbeiterführung ist immer ein Komplex von Handlungen. Sicherlich lassen sich viele sinnvolle Verhaltensweisen erlernen, aber ein Großteil der Handlungen bleibt abhängig von persönlichen Einstellungen und dem individuellen Führungsstil. Auch wirkt der gleiche Stil oder die gleiche Entscheidung auf unterschiedliche Mitarbeiter jeweils anders. Eines ist aber sicher: Mitarbeiterführung ist eine Kernaufgabe von Führungskräften, kann nur sehr bedingt delegiert werden und hat einen wesentlichen Einfluss auf das Erreichen der Unternehmensziele.

Mitarbeiter motivieren

Mitarbeiter, die durch ihr Verhalten deutlich machen, dass sie das Unternehmen im Allgemeinen und den Chef im Besonderen eigentlich als Gegner betrachten, nerven nicht nur alle anderen, sie können auch zu einem echten Problem werden.

Wie geht es ohne Geld?

Beispiel

Der Abteilungsleiter Herr Klein ist sauer. Herr Grimm, eigentlich einer der Leistungsträger in der Abteilung, hat die letzte Gehaltserhöhung „zur Kenntnis genommen", und trotzdem macht sein ganzes Verhalten deutlich, dass er unzufrieden ist.

Für Herrn Grimm spielt Geld nicht die wichtigste Rolle. Er weiß, welche Gehälter in anderen Unternehmen für Tätigkeiten gezahlt werden, die den seinigen vergleichbar sind. Daher weiß er auch, dass sein Gehalt angemessen ist. Er vermisst aber eine andere Form der Anerkennung.

> Fakt Nr. 53
> Nichtmonetäre Anreize existieren in vielfältiger Form und basieren zum überwiegenden Teil auf den sozialen Beziehungen innerhalb des Unternehmens. Sie werden von jedem Mitarbeiter anders empfunden und sind daher aus Unternehmenssicht nur schwer einzuschätzen.
> Selbstverständlich sind auch nichtmonetäre Anreize in der Regel mit betrieblichen Aufwendungen verbunden, damit für das Unternehmen also keinesfalls kostenfrei.

Um nichtmonetäre Anreize bewusst und zielgerichtet einsetzen zu können, muss sich ein Vorgesetzter damit befassen, wie sie aus der Sicht des einzelnen Mitarbeiters, aber auch aus der Sicht von dessen Kollegen wirken könnten. So kann es vorkommen, dass eine eigentlich gut gemeinte Zuwendung, die motivierend wirken soll, Neid bei Kollegen und damit bei dem solcherart bedachten Mitarbeiter eher Unbehagen hervorruft.

Wie sehen Anreize aus, die ohne direkte Geldzuwendungen auskommen? Zunächst sind da die gängigen Statussymbole: Dienstwagen auch zur privaten Nutzung, eigenes Büro mit Sekretärin, Mitgliedschaften im Golfclub oder Ähnliches. All diese Zuwendungen sind meist an bestimmte betriebliche Regelungen gebunden und setzen bestimmte Leistungen voraus. Hier wird auch ein wesentliches Prinzip deutlich: Eine willkürliche Vergabe sollte auf jeden Fall vermieden werden. Eine weitere Möglichkeit ist z. B. die Vergabe von Titeln (in Kreditinstituten ist der Titel „Direktor" geschätzt) oder von Auszeichnungen im Rahmen von besonderen betrieblichen Veranstaltungen.

Gerade in Bereichen, die eher der gehobenen Verwaltung oder der mittleren Führung zuzuordnen sind, spielen auch andere Dinge eine oft entscheidende Rolle: persönliche Entwicklungsmöglichkeiten oder attraktive Karrierechancen.

Beispiel

Herr Klein schlägt Herrn Grimm für das Nachwuchsführungskräfteprogramm vor. Dort werden Mitarbeiter durch Seminare gezielt auf die Übernahme von Führungspositionen im Unternehmen vorbereitet.

Nicht zu unterschätzen sind die persönlichen Kontakte, die in Programmen zur Förderung des Führungskräftenachwuchses geknüpft werden können. Immerhin treffen sich dort über einen längeren Zeitraum Kollegen, die ähnliche berufliche Entwicklungsziele verfolgen und in absehbarer Zeit in verschiedenen Bereichen des Unternehmens zusammenarbeiten werden.

Weitere Formen der nichtmonetären Anreize könnten sein:

- Seminare und Weiterbildungen, auch über die konkreten Arbeitsinhalte hinaus, z. B. fachliche Weiterbildung, aber auch Inhalte wie Small Talk, Schlagfertigkeit, Zeitmanagement oder Seminare/Events zur Persönlichkeitsbildung,
- Gestaltungsmöglichkeiten des Arbeitsumfelds,
- Freiräume bei der Gestaltung der Arbeitszeit durch großzügige Gleitzeitregelungen,
- Veranstaltungen, die betriebliche Inhalte und Freizeitgestaltung miteinander verbinden, wie eine Woche im Winter in einem Alpenhotel,

- freiwillige Versicherungsleistungen von der auch im privaten Bereich gültigen Unfallversicherung bis zur Direktversicherung zur Altersvorsorge,
- Naturalleistungen. z. B. Sonderkonditionen bei Kreditinstituten, Rabatte bei der Inanspruchnahme betrieblicher Leistungen oder der Zugang zu Jahreswagen,
- besondere Nutzungsmöglichkeiten der betrieblichen Infrastruktur.

> Fakt Nr. 54
> Vergessen Sie nicht, als Führungskraft regelmäßig ein positives Feedback auf gute Leistungen zu geben. Kaum etwas wirkt demotivierender, als wenn Mitarbeiter den Eindruck bekommen, Engagement und gute Ergebnisse zählten nichts.

Karriereschritte oder der Erwerb eines Titels sind häufig auch mit Gehaltserhöhungen verbunden. Unter dem hier behandelten Gesichtspunkt zählt aber nicht in erster Linie das Mehr an Geld, sondern der damit einhergehende Sozialstatus.

Personalentwicklung

Insbesondere dann, wenn es um Karriereschritte geht, sollten diese nicht willkürlich erfolgen, sondern im Rahmen einer längerfristigen Personalentwicklung. Am besten ist es natürlich, wenn die Auffassungen der Personalentwicklung mit den Vorstellungen zu nichtmonetären Anreizen zusammenfallen.

Fakt Nr. 55
Die Personalentwicklung umfasst alle Maßnahmen zur Bildung und Förderung der Mitarbeiter. Durch planmäßige Personalentwicklung wird sichergestellt, dass die Qualifikation jedes Mitarbeiters jederzeit den Anforderungen seines Arbeitsplatzes entspricht.

Ein wesentliches Merkmal wurde hier genannt: Es reicht nicht aus, Mitarbeiter zu befördern, sondern sie müssen auch zielgerichtet auf die neuen höheren Anforderungen vorbereitet werden. Personalentwicklung schließt neben der Weiterbildung auch all jene Maßnahmen ein, die der individuellen beruflichen Entwicklung der Mitarbeiter dienen. Sie soll einen Bogen spannen von den persönlichen Interessen des betroffenen Mitarbeiters zu der Qualifikation, die ihn in Lage versetzt, seine heutigen und auch seine zukünftigen Aufgaben im Unternehmen erfolgreich wahrzunehmen. Ziel einer guten Personalentwicklung im Betrieb ist, dass alle Arbeitsplätze mit geeigneten Mitarbeitern besetzt sind.

Beispiel

Frau Schneider hat vor drei Jahren ihre Ausbildung zur Wirtschaftskauffrau beendet und arbeitet seitdem als Sachbearbeiterin. Ihre Vorgesetzten sind hochzufrieden mit ihr. Sie soll die Leitung eines Teams übernehmen und wird durch entsprechende Fortbildungsmaßnahmen gezielt darauf vorbereitet.

Personalentwicklung ist eine komplexe Aufgabe, sollen doch nicht nur einzelne Mitarbeiter, sondern zumindest das Personal, das mittelfristig zu Führungskräften oder Führungsnachwuchs entwickelt werden soll, einbezogen werden. Klassische Fördermaßnahmen sind:

- Laufbahnplanung: Für geeignete Mitarbeiter erfolgt eine langfristige Planung ihrer Laufbahn im Unternehmen. Einerseits verbessert dies die Abstimmung des Personalbedarfs, andererseits weiß der Mitarbeiter genau, welche Positionen er erreichen kann, wenn er sich bei der Erfüllung seiner Arbeitsaufgaben bewährt.
- Nachfolgeplanung: Hier werden gezielt Nachfolger für Führungspositionen aufgebaut. Sie können sich auf die zu übernehmende Verantwortung vorbereiten, und andererseits fällt das Unternehmen nicht in ein „Loch", wenn die bisherige Führungskraft beispielsweise altersbedingt ausscheidet.
- Bildungsmaßnahmen: Hier geht es nicht nur um reines Fachwissen, sondern auch um den Erwerb von sogenannten Schlüsselqualifikationen.
- Arbeitsgestaltung.

Der zuletzt genannte Punkt verdient eine nähere Betrachtung. Was ist unter Maßnahmen der Arbeitsgestaltung zu verstehen?

- Job Enlargement (Aufgabenerweiterung). Der Arbeitsinhalt wird durch neue, qualitativ gleichwertige Aufgaben erweitert. Das führt zu weniger Monotonie und oft zu einer Steigerung des Selbstwertgefühls.

Beispiele

Die Sekretärin pflegt zusätzlich eine Kundenkartei.

Der Hausmeister übernimmt die Verteilung der Betriebspost in seinem Bereich.

- Job Enrichment (Bereicherung der Tätigkeit). Hier kommen qualitativ höherwertige Arbeiten hinzu, die allerdings sachlich zusammengehören. Initiative und Gestaltungsspielraum erhöhen sich.
- Job Rotation (Arbeitsplatzwechsel). Um die Belastungen zu verringern, die von monotonen Tätigkeiten ausgehen, und um gleichzeitig zusätzliche Qualifikationen zu vermitteln, werden zusammengehörige Arbeitsplätze in regelmäßigen Abständen getauscht.
- Teilautonome Arbeitsgruppen. Dies ist die höchste Form der Arbeitsgestaltung. Komplexe Tätigkeiten, die zuvor von einer anderen Führungsebene ausgeübt wurden, werden an Gruppen übergeben, beispielsweise die Arbeitsvorbereitung und -organisation, die Kontrolle der erreichten Ergebnisse.

Eine erfolgreiche Personalentwicklung endet nicht mit dem Festlegen von Fördermaßnahmen. In regelmäßigen Abständen sollte überprüft werden, ob gewünschte Qualifikationen auch erreicht wurden oder ob weitere Maßnahmen erforderlich sind.

Motivation mit finanziellen Anreizen

Wenn jemand behauptet, Geld sei ihm gleichgültig, ist er in der Regel unehrlich. Nach wie vor ist die Entlohnung oder die Zuwendung von Geld und geldwerten Vorteilen ein entscheidender Faktor der Motivation. Die einfachste Version ist eine Erhöhung des Grundgehalts. Hierbei ist lediglich zu bedenken, dass netto, nach Abzug der Steuern, deutlich weniger übrig bleibt, als oft gehofft. Neben dem Gehalt gibt es u. a. auch die folgenden Möglichkeiten, gute Leistungen materiell anzuerkennen:

- Gewinnbeteiligungen oder erfolgsabhängige Tantiemen. Hier werden zumeist einmalige Zahlungen an das Erreichen wirtschaftlicher Ziele des gesamten Unternehmens oder zumindest von Teilen des Unternehmens gekoppelt. Die klassische Gewinnbeteiligung kann dazu führen, dass Mitarbeiter nicht nur den eigenen (kleinen) Bereich sehen, sondern die Belange des gesamten Unternehmens in ihre Tätigkeit einbeziehen. Zwar lassen sich diese nicht immer unmittelbar beeinflussen, aber das ist auch nicht unbedingt gewollt.

Beispiele

Bei Erreichen des Gewinnzieles des Unternehmens erhalten die Prokuristen eine Sonderzahlung in Höhe eines halben Monatsgehalts.

Wenn zum Jahresende ein bestimmtes Sparvolumen im Privatkundenbereich überschritten wird, bekommen die Kundenbetreuer der Sparkasse eine Sonderzahlung von 400 €.

Die Mitglieder der Geschäftsführung erhalten einen bestimmten prozentualen Anteil des EBIT (des Überschusses vor Zinsen und Steuern) des Unternehmens.

Die Möglichkeiten von Sonderzahlungen sind schier unerschöpflich.

- Beteiligungsmöglichkeiten am Unternehmen. Anstelle eines bestimmten Gehaltsanteils haben die Mitarbeiter beispielsweise die Möglichkeit, Mitarbeiteraktien zu erwerben. Sie sind damit am Unternehmen beteiligt und haben darüber hinaus die Chance, an Wertsteigerungen der Aktien teilzuhaben.

- Optionen auf Aktien des eigenen Unternehmens.
- Teilnahme an Systemen der betrieblichen Altersvorsorge. Solche Anwartschaften dürfen zwar nicht verfallen, aber nur dann, wenn der Arbeitnehmer dem Unternehmen auch erhalten bleibt, erhöhen sich die Leistungen, die er später bei Erreichen der Altersgrenze erhält. Ob die Altersvorsorge als Direktzusage, als Einzahlung in einen Pensionsfonds oder in Form einer Direktversicherung durch Gehaltsumwandlung erfolgt, ist abhängig von den Möglichkeiten des Unternehmens.

Ziel aller Maßnahmen zur Motivation ist, die Mitarbeiter ins Boot zu holen. Fühlt sich ein Arbeitnehmer mit seinem Unternehmen verbunden, ist es ihm bis zu einem gewissen Maß auch ein Bedürfnis, für das Unternehmen da zu sein.

Alle Systeme der Motivation sind in gewissem Sinne aber auch zweischneidig. Sie verlieren schnell ihre Wirkung, wenn sie zur Selbstverständlichkeit werden. Dann werden Sonderzuwendungen erwartet, auch wenn nur die ganz normale Arbeitsleistung erbracht wurde.

Fakt Nr. 56

Leistungen des Arbeitgebers zur Motivation von Mitarbeitern sollten generell freiwillige Leistungen sein. Sind sie in Tarifverträgen, Betriebsvereinbarungen oder Ähnlichem festgelegt, geht ihre motivierende Wirkung schnell verloren. Freiwilligkeit heißt aber nicht Willkür. Die Kriterien, nach denen Sonderleistungen vergeben werden, sollten für alle durchschaubar und vor allem objektiv sein.

Balanceakt Finanzen

Kein Unternehmen kommt ohne eine Finanzierung aus. Zunächst muss Geld investiert werden, um das Vorhaben überhaupt zum Laufen zu bringen. Die mit der Finanzierung zusammenhängenden Probleme sind vielschichtig:

- Wie viel Kapital wird überhaupt benötigt? (S. 142 ff.)
- Wie wird die tägliche Zahlungsfähigkeit gesichert? (S. 146 ff.)
- Welche Mittel sind für Investitionen aufzuwenden? (S. 149 ff.)

Kapital kann dem Unternehmen einerseits von außen zugeführt werden. Andererseits werden aber Überschüsse erwirtschaftet. Werden diese nicht an die Eigentümer ausgeschüttet, sondern verbleiben im Unternehmen, stehen auch sie als Finanzierungsquelle zur Verfügung.

Finanzen planen

Den Kapitalbedarf ermitteln

Die erste Frage lautet: „Welche Vermögenswerte wird das Unternehmen voraussichtlich benötigen?" Unter Vermögenswerten sind in diesem Zusammenhang z. B. Maschinen und Anlagen, aber auch Material und andere Vorräte zu verstehen. Wenn man diese Frage mit einer angemessenen Genauigkeit beantwortet hat, kommt sofort die nächste auf: „Aus welchen Quellen wollen wir den Finanzbedarf decken?"

> Fakt Nr. 57
> Die Kapitalbedarfsplanung ist langfristig orientiert. Anhand der voraussichtlich erforderlichen materiellen und finanziellen Vermögensgegenstände wird zunächst die Gesamtsumme der erforderlichen Finanzmittel festgestellt. Der so ermittelte Kapitalbedarf muss sodann aus den verschiedensten, dem Unternehmen zur Verfügung stehenden Quellen gedeckt werden.

Ein Grundproblem besteht darin, dass man für einen längeren Zeitraum im Voraus mit möglichst hoher Genauigkeit planen muss. Wie immer in solchen Fällen, treten Unwägbarkeiten auf, die in Form von Reserven berücksichtigt werden müssen.

Beispiel

Das Anlagevermögen der S & R GmbH ist durch Eigenkapital und langfristige Kredite finanziert, gleiches gilt für die Vorräte. Da aber nicht mit hinreichender Genauigkeit geplant werden kann, wann die Kunden ihre Rechnungen bezahlen, benötigt das Unternehmen einen Kontokorrentkredit.

Grundlage jeder unternehmerischen Planung ist die Planung der betrieblichen Leistung und somit des Umsatzes. Die Produkte und Leistungen, die das Unternehmen am Markt absetzen kann und die von den Kunden auch bezahlt werden, sind die Basis für alle weiteren Planungen. Vom Umsatz sind fast alle anderen wirtschaftlichen Größen abhängig. Ausgangspunkt der Planung sind meist die Daten der vergangenen Jahre. Wie haben sich die einzelnen Positionen der Bilanz verändert, wenn sich der Umsatz verändert hat?

Sie werden relativ schnell feststellen, dass es Positionen gibt,

- die sich in gleichem oder ähnlichem Verhältnis wie der Umsatz verändern (z. B. die Vorräte),
- die sich nicht in Abhängigkeit vom Umsatz verändern, also entweder gleich bleiben oder in Abhängigkeit von anderen Einflussgrößen schwanken,
- die sich zwar mit dem Umsatz verändern, aber nicht gleichmäßig, sondern sprunghaft. Diese Sprünge treten immer dann auf, wenn ein bestimmtes Maß überschritten wird.

Beispiel

In den vergangenen Jahren hat sich der Umsatz der Lohndreherei Rotatio GmbH erfreulich entwickelt, er stieg von Jahr zu Jahr um etwa 8 bis 10 Prozent. Nun ist das Unternehmen an der Kapazitätsgrenze angekommen. Für weitere Umsatzsteigerungen ist ein neuer Drehautomat erforderlich. Mit dieser Investition erhöht sich einerseits schlagartig das Vermögen, andererseits ist eine Finanzierung erforderlich.

Berücksichtigt man die beschriebenen Abhängigkeiten, so kann der Kapitalbedarf geplant werden.

Beispiel

Zur Ermittlung des Kapitalbedarfs liegen die folgenden Ausgangsinformationen vor:

Die Positionen „Vorräte und Waren" und „Forderungen" ändern sich mit dem Umsatz, und zwar machen sie Umsatzänderungen zu 80 Prozent proportional mit. Die nötigen flüssigen Mittel steigen halb so stark wie der Umsatz. Die Finanzanlagen ändern sich nicht. Bei einer weiteren Umsatzsteigerung ist eine neue Maschine im Wert von 350 T€ erforderlich.

Es ist mit einer Umsatzsteigerung von 500 T€ zu rechnen. Das entspricht einer Rate von 10 Prozent.

Position	alt (€)	geplant (€)
Vorräte und Waren	200 T€	216 T€
Forderungen	50 T€	54 T€
flüssige Mittel	10 T€	10,5 T€
Anlagevermögen	1000 T€	1350 T€
Finanzanlagen	150 T€	150 T€
Summe	1410 T€	1780,5 T€

Es ist also ein zusätzlicher Finanzbedarf von 370,5 T€ zu decken.

Im nächsten Schritt ist zu planen, aus welchen Quellen der ermittelte Finanzbedarf gedeckt werden soll. Um dem Unternehmen zusätzliches Kapital zuzuführen, bieten sich vor allem die folgenden Maßnahmen an:

- Aufnahme von Krediten,
- Einbehalten von Gewinnen,

- Einzahlung von Eigenkapital (z. B. durch eine Kapitalerhöhung bei einer Aktiengesellschaft oder – im Fall einer GmbH – durch Nachschüsse vonseiten bestehender Gesellschafter oder durch die Aufnahme eines neuen Gesellschafters).

Diese Kapitalmaßnahmen sind nicht mehr direkt vom Umsatz abhängig.

> Fakt Nr. 58
> Zur konkreten Umsetzung der mehrjährigen Kapitalbedarfsplanung lassen sich handelsübliche Rechnerprogramme nutzen. Die eigentliche Planung bleibt aber „Handarbeit", sie kann auch durch das beste Rechnerprogramm nicht übernommen werden. Solche Programme sind Hilfsmittel, nicht mehr, aber auch nicht weniger.

Ergebnis des Planungsvorganges ist eine Planbilanz, die die geplante Kapitalverwendung und -herkunft aufzeigt.

Deutlich komplizierter ist die Ermittlung des Kapitalbedarfs, wenn keine vergangenheitsbezogenen Daten vorliegen. Dies ist insbesondere bei besonderen Projekten wie z. B. Existenzgründungen oder tiefgreifenden Umbauten von Unternehmen der Fall. Auf entsprechende Planungen wird hier, da es sich in der Regel um individuelle Planungen handelt, nicht näher eingegangen.

Reicht das Geld? – Die Liquidität sichern

Die wohl häufigste Ursache von Insolvenzen sind Liquiditätsprobleme: Die Einzahlungen in das Unternehmen reichen nicht aus, um die erforderlichen Auszahlungen zu decken.

Liquidität ist ein Zeitpunktproblem, d. h. sie muss jederzeit vorliegen. Eine durchschnittlich vorhandene Liquidität reicht nicht aus.

Beispiel

Im Jahresdurchschnitt beträgt der Kontostand der Gebrüder Dick OHG 10 000 €. Da einerseits gerade Löhne gezahlt wurden und andererseits ein Großkunde noch nicht gezahlt hat, ist der aktuelle Kontostand nahe Null.

Die Gebrüder Dick OHG kann die fällige Umsatzsteuerzahlung in Höhe von 2 000 € an das Finanzamt nicht leisten. Der durchschnittliche Kontostand ist uninteressant, das Unternehmen hat im Moment ein Liquiditätsproblem.

Die ständige Sicherung der Liquidität ist überlebensnotwendiges Ziel eines jeden Unternehmens. Ein Jahr mit einem ausgewiesenen Verlust kann man gegebenenfalls gut überstehen. Wenige Tage Zahlungsverzug dagegen können verheerende Folgen haben.

Wie kann man die Liquidität planen? Es bleibt Ihnen nichts anderes übrig, als ausgehend vom aktuellen Kontostand alle erwarteten Einzahlungen und Auszahlungen zusammenzufassen und zu prüfen, ob Sie immer zahlungsfähig sind. Auch hierzu gibt es Rechnerprogramme, wodurch sich natürlich die individuelle Einspeisung der Daten nicht erübrigt.

> Fakt Nr. 59
> Liquiditätsplanung ist ein permanenter Prozess. Es ist erforderlich, immer mit einem Vorlauf von einigen Monaten (am besten einem Jahr) die Zahlungen zu planen. Nur auf diese Weise hat man die Möglichkeit, rechtzeitig zur reagieren.

Die Liquiditätsplanung ist ein recht komplexer Vorgang. Einfluss haben u. a.

- veränderte Zahlungsziele, sowohl seitens der Lieferanten, die eventuell schnellere Zahlung fordern, als auch aus eigener Sicht, wenn man aus Konkurrenzgründen seinen Kunden längere Zahlungsziele einräumen muss;
- Schwankungen des Umsatzes. Paradoxerweise wird bei Umsatzrückgängen zunächst die Zahlungsfähigkeit ansteigen – die abgesetzten Waren werden noch bezahlt, Sie geben aber weniger Geld für neues Material usw. aus, da die Aufträge fehlen. Auch das Gegenteil gilt: Wenn Sie neue Aufträge bekommen, können auf Grund der erforderlichen Vorleistungen Zahlungsprobleme auftreten;
- Preisänderungen;
- einmalige Zahlungen, z. B. für Investitionen, Steuern oder Sozialabgaben;
- Kredittilgungen oder Aufnahme von Krediten;
- Steuerrückzahlungen (z. B. bei zu hoher Umsatzsteuer-Vorauszahlung).

Ist die Liquidität gefährdet, hilft es keinesfalls, den Kopf in den Sand zu stecken und einfach abzuwarten. Sie müssen schnellstens Maßnahmen ergreifen, die die Zahlungsfähigkeit des Unternehmens sichern.

Beispiel

Herr Dick verschiebt die Anschaffung eines neuen PC, auch wenn der alte hoffnungslos hinter der technischen Entwicklung herhinkt.

Nicht immer sind diese kurzfristig wirksamen Maßnahmen auch auf lange Sicht sinnvoll. Sicher wäre es besser, den Computer jetzt zu ersetzen, doch was soll man tun, wenn kein Geld dafür da ist ... Oft ist es auch so, dass Sie zwar einerseits Auszahlungen vermeiden, dafür aber nach kurzer Zeit auch Abstriche bei den Einzahlungen hinnehmen müssen.

Beispiel

Sie verschieben den Kauf einer dringend benötigten Maschine. Das führt wiederum dazu, dass Sie die Ausführung eines Auftrags erst vier Wochen später abschließen können.

Grundsätzliche Ansatzpunkte sind einerseits das Unterlassen oder Verschieben von Auszahlungen (z. B. für Ausbildung, Werbeaktionen), andererseits sollte man aber immer die Einzahlungsseite im Auge behalten. So können unter Umständen auch eine Straffung des Mahnwesens und das Eintreiben überfälliger Forderungen die Liquiditätssituation deutlich verbessern.

In welcher Höhe investieren?

Die Frage, ob eine Investition vom Grundsatz her sinnvoll ist, wird mithilfe von Verfahren der Investitionsrechnung, insbesondere mit der Kapitalwertmethode entschieden. Im Zusammenhang mit der Finanzierung stehen aber noch andere Fragen:

- Stehen überhaupt finanzielle Mittel in der erforderlichen Höhe bereit?
- Stehen diese Mittel auch zum richtigen Zeitpunkt bereit?
- Mit welchen Aufwendungen ist die Beschaffung der finanziellen Mittel verbunden?
- Sind Vorgaben oder Einschränkungen zu beachten, etwa hinsichtlich der Kapitalstruktur in der Bilanz?

Es ist also Folgendes zu klären: Wie viele Mittel stehen dem Unternehmen zur Verfügung, und aus welchen Quellen kann die Investition finanziert werden?

> Fakt Nr. 60
> Bei der Beurteilung einer Investition soll geklärt werden, ob die Investition eine Rendite erwarten lässt, die mit den Vorstellungen der Kapitalgeber übereinstimmt. Darüber hinaus ist zu klären, ob die Maßnahme unter Einhaltung bestimmter Restriktionen (z.B. Bilanzrelationen) finanzierbar ist und ob der Cashflow ausreicht, das aufgenommene Kapital nebst Zinsen zurückzuzahlen.

Das Verständnis des folgenden Abschnitts setzt Grundkenntnisse zum Aufbau der Bilanz voraus. Diese werden in dem Kapitel zum Thema Jahresabschluss (S. 195 ff.) vermittelt.

Häufig gibt es Restriktionen im Hinblick auf die Bilanzstruktur. Meist soll eine bestimmte Eigenkapitalquote nicht unterschritten werden, oder die Bank stellt Fremdkapital nur dann zur Verfügung, wenn auch eine angemessene Menge an Eigenkapital eingesetzt wird. Da das Eigenkapital als Summe aus gezeichnetem Kapital und Rücklagen bekannt ist, lässt sich daraus die Bilanzsumme bestimmen, bei der diese Bedingung gerade noch erfüllt ist. (Bei Personengesellschaften gibt es kein gezeichnetes Kapital. Hier kann man z. B. die Kapitalkonten der Eigentümer als Berechnungsbasis heranziehen.) Indem man von der so ermittelten Bilanzsumme das geplante Umlaufvermögen, das bilanzierte Anlagevermögen sowie bereits geplante und budgetierte Investitionen subtrahiert (die Jahresabschreibungen müssten noch addiert werden), erhält man das mögliche Investitionsbudget.

Beispiel

Die geforderte Eigenkapitalquote sei mindestens 10 Prozent der Bilanzsumme. Das vorhandene Eigenkapital beträgt 100 T€, das geplante Umlaufvermögen 350 T€ und das bilanzierte Anlagevermögen 600 T€. Die Abschreibungen belaufen sich auf 50 T€.

Sind die vorhandenen 100 T€ Eigenkapital 10 Prozent der Bilanzsumme, beträgt diese 1 000 T€.

	Bilanzsumme	1 000 T€
-	Bilanziertes Anlagevermögen	600 T€
-	Geplantes Umlaufvermögen	350 T€
+	Abschreibungen	50 T€
=	Investitionsbudget	100 T€

Müssen mehr als 100 T€ investiert werden, so ist dies unter Einhaltung der vorgegebenen Eigenkapitalquote nur möglich, wenn zusätzliches Eigenkapital zugeführt wird.

Üblich ist es, Investitionen aus einer angemessenen Mischung von Eigen- und Fremdkapital zu finanzieren. Jede Aufnahme von Fremdkapital führt aber dazu, dass Zinsen und Tilgungsleistungen gezahlt werden müssen, zu deren Abdeckung ein entsprechender Zahlungsmittelüberschuss (Cashflow) erwirtschaftet werden muss.

Beispiel

Angenommen, Sie möchten eine Investition von 500 T€ komplett aus einem Kredit finanzieren, für den die Bank einen Zins von 8 Prozent und eine Tilgung von 10 Prozent im Jahr verlangt. In diesem Fall müssen Sie im ersten Jahr aus Ihrem Cashflow einen Kapitaldienst von 90 T€ erbringen können. Das sind immerhin 7 500 € im Monat!

Sind Sie nicht in der Lage, den mit einem Kredit verbundenen Kapitaldienst zu leisten, so können Sie die Investition nicht in der vorgesehenen Form durchführen. Sie würde zur Illiquidität führen, auch wenn sie für sich betrachtet sinnvoll wäre.

Checkliste: Investitionsplanung

- Steht die Investition in sinnvollem Zusammenhang mit den Unternehmenszielen?
- Führt die Investition zu einem zusätzlichen Nutzen für das Unternehmen?
- Lässt sich dieser Nutzen durch einen Wettbewerbsvorteil ausdrücken?
- Sind Zusammenhänge mit anderen Projekten zu beachten?

- Sind mit der Investition zusätzliche Aufwendungen verbunden?
- Wurden alle wichtigen technischen und kaufmännischen Kriterien beachtet?
- Ist die Finanzierung in Höhe und Zeitpunkt gesichert?
- Wurden alle Vorgaben hinsichtlich der Kapitalstruktur eingehalten?
- Ist der Kapitaldienst zu erbringen?

Investitionen binden auf lange Sicht Kapital. Sie sind deshalb für das Unternehmen folgenschwer, und die Entscheidungen darüber sollten mit größter Sorgfalt getroffen werden.

Woher kommt das Kapital?

Zunächst wenden wir uns der Frage zu, ob neues Kapital dem Unternehmen von außen zugeführt wird oder ob es aus dem Unternehmensprozess heraus selbst erwirtschaftet wird. In der Betriebswirtschaft unterscheidet man also zwischen

- Außenfinanzierung und
- Innenfinanzierung.

Bei dieser Betrachtung ist es zunächst nicht relevant, ob es sich um Eigen- oder Fremdkapital handelt.

Beispiel

Die S & R GmbH hat im vergangenen Jahr einen Jahresüberschuss (Gewinn) nach Steuern von 280 T€ erwirtschaftet. Die beiden Inhaber beschließen, den Gewinn nicht auszuschütten, sondern im Unternehmen zu belassen, um damit eine Investition von 350 T€ zu finanzieren (Innenfinanzierung). Die noch fehlenden 70 T€ sollen durch einen Kredit gedeckt werden (Außenfinanzierung).

Frisches Kapital – die Außenfinanzierung

Kein Unternehmen kann ohne Finanzierung auskommen. Zum Anschub ist immer eine Kapitalzufuhr von außen erforderlich, aber auch später, beispielsweise dann, wenn Erweiterungen des Geschäftsfeldes anstehen, neue Investitionen erforderlich sind oder wenn durch einen schwachen Geschäftsverlauf Verluste entstanden sind, ist die Zufuhr frischen Kapitals nötig.

Generell kann das Kapital von den bisherigen oder von neuen Eigentümern kommen. Dann handelt es sich meist um Eigenkapital (Fremdkapital wäre es, wenn ein Gesellschafterdarlehen gegeben wird). Auch dann, wenn das Unternehmen einen Kredit von einer Bank aufnimmt, fließt ihm frisches Kapital von außen zu. In diesem Fall handelt es sich ebenfalls um Fremdkapital.

Auf die Unterscheidung zwischen Eigen- und Fremdkapital wird weiter unten genauer eingegangen.

> Fakt Nr. 61
> Wird einem Unternehmen neues Kapital zugeführt, handelt es sich um die Außenfinanzierung. Dieses Kapital kann zeitlich unbefristet zur Verfügung stehen, es kann aber auch sein, dass es zurückgezahlt werden muss. Unabhängig davon kann es z.B. für Investitionen oder zum Kauf von Material, aber auch zur Sicherung der Liquidität eingesetzt werden.

Die üblichen Formen der Außenfinanzierung sind:

- Beteiligungsfinanzierung oder Einlagenfinanzierung aus Eigenkapital: Hier stellen aktuelle oder künftige Eigentümer dem Unternehmen Kapital zur Verfügung und beteiligen sich demzufolge am Unternehmen. Sie erwerben Eigentümerrechte, die in der Regel auch mit dem Recht auf Entscheidungen verbunden sind, die das Unternehmen betreffen.
- Kreditfinanzierung aus Fremdkapital: Die Aufnahme eines Kredites führt ebenso zu einer Kapitalzufuhr von außen. Dieses Kapital muss aber vertragsgerecht zurückgezahlt werden (in Form der Kredittilgung). Die Kapitalgeber erwerben kein Eigentum am Unternehmen, sie sind Gläubiger.
- Subventionsfinanzierung: Sie erfolgt meist aus staatlichen Förderprogrammen, ist aber in manchen Branchen auch privatwirtschaftlich üblich.

Beispiel

Mineralölkonzerne geben Tankstellenpächtern manchmal zur Einrichtung der Tankstelle einen sogenannten verlorenen Zuschuss. Brauereien statten Gaststätten mit Schanktechnik und Möbeln aus. Hier handelt es sich nicht um einen finanziellen Zuschuss, sondern um einen Sachzuschuss.

Echte Subventionen (z. B. Investitionszulagen) sind eine Form der Finanzierung von außen. Das Kapital muss nicht zurückgezahlt werden, damit ist die Subvention Eigenkapital.

Alle Formen der Außenfinanzierung führen dazu, dass das Unternehmen nach der Finanzierungsmaßnahme mehr Kapital hat als zuvor. Diese Zufuhr von Kapital hängt nicht ursächlich mit der Erzielung von Gewinnen zusammen.

Rückflüsse aus der Geschäftstätigkeit – Innenfinanzierung

Der normale Geschäftsablauf führt dazu, dass Finanzmittel in das Unternehmen zurückfließen. Die Hauptquelle ist der Umsatz. Es können aber auch finanzielle Mittel im Unternehmen zurückgehalten werden, die der Finanzierung der wirtschaftlichen Tätigkeit dienen.

Die beiden hier genannten Grundformen,

- das Einbehalten von Gewinnen und
- die Umschichtung von bereits im Unternehmen vorhandenem Kapital

sind der Innenfinanzierung zuzuordnen.

> Fakt Nr. 62
> Zur Innenfinanzierung gehören alle Finanzierungsformen, die ohne zusätzliche Kapitalzuführung von außen auskommen. Ausgangspunkt dieser Form der Finanzierung sind die Geschäftsprozesse des Unternehmens.

Nicht immer ist es erforderlich, sämtliche Gewinne an die Unternehmer auszuschütten. Werden erzielte Überschüsse nicht ausgezahlt, sondern im Unternehmen angesammelt (die Fachwelt spricht von Gewinnthesaurierung), so stehen sie für weitere Finanzierungsvorhaben zur Verfügung. Bilanziell werden sie den Gewinnrücklagen zugeführt und gehören damit zum Eigenkapital.

Achtung: Gewinnrücklagen sind kein Bargeld! Sie können bereits in andere Vermögenswerte investiert sein, z. B. Material- oder andere Vorräte, Maschinen oder auch Finanzanlagen.

Etwas schwieriger zu verstehen ist die Finanzierungsfunktion von Rückstellungen. Rückstellungen werden für Verpflichtungen gebildet, die vom Grunde her bereits bestehen, aber erst in der Zukunft zu Auszahlungen führen.

Beispiel

Die Flachglas GmbH weiß, dass für die Erstellung des Jahresabschlusses an das Steuerbüro etwa 8000 € zu zahlen sind, allerdings erst in einem halben Jahr. Sie bildet eine Rückstellung.

Diese Rückstellung ist allerdings „nur" eine Bilanzposition. Auf dem Bankkonto des Unternehmens bewegt sich gar nichts. Bis zum Zeitpunkt der Zahlung kann das für den Steuerberater vorgesehene Geld für alle anderen betrieblichen Zwecke verwendet werden. Es ist lediglich darauf zu achten, dass an dem Tag, an dem die Rechnung des Steuerberaters beglichen werden muss, die entsprechende Liquidität vorhanden ist. Da das Geld mehr oder weniger aber schon dem Steuerberater gehört, ist die Innenfinanzierung aus Rückstellungen eine Form der Fremdfinanzierung (Fremdkapital).

Auch durch Vermögensumschichtungen findet keine Zufuhr von Kapital statt. Vermögensumschichtung – das ist letztlich nichts weiter als der Verkauf von Vermögensgegenständen. Bisher in diesen gebundenes Kapital wird für andere Zwecke frei.

Beispiel

Die Komet-Werke verkaufen 20 Schleifscheiben, die sie nicht mehr benötigen. In der Bilanz tauchen diese Schleifscheiben als Vorrat nun nicht mehr auf, dafür aber auf dem Bankkonto der entsprechende Geldbetrag. Ob es sich hierbei ursprünglich um Eigen- oder Fremdkapital handelte, lässt sich allerdings heute nicht mehr feststellen.

Kapital auf Dauer – Eigenkapital

War die bisherige Betrachtungsebene das Unternehmen, dem Kapital entweder von außen zugeführt wurde oder das selbst erwirtschaftetes Kapital verwendete, steht nun die Sicht der Eigentümer im Mittelpunkt. Und hier lautet die Frage: Steht das Kapital dem Unternehmen dauerhaft zur Verfügung oder muss es zurückgezahlt werden? Wohlgemerkt, es handelt sich um das gleiche Kapital wie bei der ersten Betrachtung, nur der Blickwinkel ist nun ein anderer.

Fakt Nr. 63

Das Eigenkapital wird von den Unternehmern (Eigentümern) entweder direkt zur Verfügung gestellt, indem sie sich an dem Unternehmen beteiligen oder es gründen. Oder es wird dem Unternehmen indirekt zur Verfügung gestellt, indem die Eigentümer auf die Auszahlung von Gewinnen, die ihnen eigentlich zusteht, ganz oder teilweise verzichten.

Grundlegendes Merkmal des Eigenkapitals ist, dass es dem Unternehmen dauerhaft zur Verfügung steht. Und es hat eine wesentliche Funktion – die Haftungsfunktion.

Was bedeutet Haftungsfunktion? Sollte das Unternehmen einmal keine Gewinne erwirtschaften, müssen Kredite, die es aufgenommen hat, dennoch zurückgezahlt werden. Der dadurch entstandene Verlust geht zulasten des Eigenkapitals, das auf diese Weise verbraucht wird und abnimmt.

Beispiel

Obwohl die Gottfried Fischmann GmbH einen Verlust von 150 T€ erwirtschaftet hat, muss sie ihre vertraglich vereinbarten Kredittilgungen von 65 T€ leisten. Diese Tilgungen finden sich übrigens nicht in der Gewinn- und Verlustrechnung, da sie eine reine Kapitalmaßnahme sind. Der Verlust von 150 T€ reduziert das vorhandene Eigenkapital von 200 T€ auf nur noch 50 T€.

Das Eigenkapital ist also ein Puffer, der eingesetzt werden kann, um Verluste auszugleichen. Sollte die geschäftliche Entwicklung im nächsten Jahr weiter so unbefriedigend laufen und wieder ein Verlust erwirtschaftet werden, der größer als die verbliebenen 50 T€ Eigenkapital ist, ist auch das restliche Eigenkapital verbraucht. Die Gesellschafter müssen neues Eigenkapital einzahlen oder das Unternehmen muss Insolvenz anmelden.

Fakt Nr. 64
Auf Eigenkapital werden keine Zinsen gezahlt. Geht es dem Unternehmen finanziell schlecht, ist das von Vorteil. Aber jeder, der eigenes Geld in ein Unternehmen investiert (Eigenkapital), erwartet eine seinem Risiko angemessene Rendite. Da das Risiko der Eigenkapitalgeber höher ist als das der Fremdkapitalgeber (wegen der Haftungsfunktion), erwarten Eigenkapitalgeber in der Regel auch eine höhere Rendite als den üblichen Kreditzins.

Die wichtigsten Funktionen des Eigenkapitals sind neben der Haftungsfunktion die folgenden:

- die Finanzierung des Unternehmens: Selbstverständlich dient das vom Unternehmer aufgebrachte Eigenkapital dazu, Vermögenswerte (Material, Maschinen ...) zu bezahlen;
- die erste Ingangsetzung des Unternehmens: Der erste Schritt der Beschaffung von Finanzmitteln ist immer die Beschaffung von Eigenkapital. Bei Kapitalgesellschaften ist ein Mindesteigenkapital vorgeschrieben, nämlich
  - 25 000 € bei einer GmbH und
  - 50 000 € bei einer Aktiengesellschaft (zurzeit, d. h. Mitte 2007, gibt es in Deutschland Bestrebungen, die Mindesthöhe bei einer GmbH herabzusetzen oder eine andere Rechtsform einzuführen, die keine derart hohen Mindestkapitalanforderungen stellt);
- die Erhöhung der Kreditwürdigkeit des Unternehmens: Ohne Eigenkapital wird es kaum möglich sein, einen Kredit aufzunehmen;
- die Sicherung der Unabhängigkeit;

- die Festlegung der Führung und der Beteiligung an den Gewinnen des Unternehmens: In der Regel (die Genossenschaft ist hier eine Ausnahme) wird die Herrschaft über das Unternehmen anhand der Eigenkapitalanteile ausgeübt.

Eigenkapitalgeber erwerben also Eigentümerrechte an dem Unternehmen.

Geborgtes Geld – Fremdkapital

Warum braucht man überhaupt Fremdkapital? Ganz klar: Die Beschaffung von Eigenkapital stößt rasch an ihre Grenzen. Börsenfähigen Aktiengesellschaften gelingt es durch die Ausgabe neuer Aktien noch recht gut, ihr Eigenkapital zu erhöhen. Bei kleineren Unternehmen allerdings scheitert die Beschaffung neuen Eigenkapitals normalerweise daran, dass das Privatvermögen der Eigentümer begrenzt ist, und wollen sie zur Lösung dieses Problems neue Gesellschafter aufnehmen, so müssen sie in Kauf nehmen, dass diese auch ein Wort in der Gesellschaft mitzureden haben.

> Fakt Nr. 65
> Fremdfinanzierung liegt vor, wenn Gläubiger einem Unternehmen Kapital zuführen, ohne Eigentumsrechte an dem Unternehmen zu erwerben. Fremdkapital hat damit ausschließlich eine Finanzierungsfunktion.
> Eine weitere Form der Fremdfinanzierung ist die Bildung von Rückstellungen. Hier wird kein neues Kapital zugeführt, sondern nur buchtechnisch „zurückgelegt".

Rückstellungen

Lesen Sie hierzu siehe auch den Abschnitt über die Innenfinanzierung. Die Bildung von Rückstellungen ist gesetzlich geregelt. Nicht für alle Zwecke ist die Bildung von Rückstellungen statthaft.

Beispiel

Wie in einem früheren Beispiel (S. 156) dargestellt, können Rückstellungen z. B. für Steuerberatungskosten gebildet werden. Wollte die Flachglas GmbH jedoch eine Rückstellung wegen zu erwartender geringerer Umsätze bilden, ist das nicht möglich.

Rückstellungen können gebildet werden für Aufwendungen, die im laufenden Jahr eigentlich erforderlich und vorgesehen, die aber aus verschiedensten Gründen nicht zum Tragen gekommen sind.

Beispiele

Renaturierungsrückstellungen: Nachdem ein Steinbruch (oder auch ein Braunkohletagebau) nicht mehr genutzt wird, muss das Gelände renaturiert werden. Der Betreiber bildet deshalb bereits während des Abbaus Rückstellungen für die Renaturierung.

Instandhaltungsrückstellungen: Wegen ungünstigen Wetters kann eine Instandsetzungsmaßnahme am Firmengebäude nicht mehr im alten Jahr durchgeführt werden. Das Unternehmen bildet eine Rückstellung und führt die Maßnahme im März des Folgejahres durch.

Eine weitere große Gruppe von Rückstellungen sind die Rückstellungen für ungewisse Verbindlichkeiten. Hierbei handelt es sich um Verbindlichkeiten, die vom Grunde her im alten Jahr entstanden sind, deren genaue Höhe und/oder deren genauer Fälligkeitstermin aber noch nicht bekannt sind.

In all diesen Fällen handelt es sich um Kapital, das dem Unternehmen zwar noch zur Verfügung steht, dessen Abfließen aber zu erwarten ist. Es gehört dem Unternehmen eigentlich schon nicht mehr, demzufolge ist es Fremdkapital.

Kreditfinanzierung

Zunächst denkt man hierbei an Bankkredite. Das ist zwar richtig, aber Bankkredite decken das Gebiet der Kreditfinanzierung bei weitem nicht ab. Auch Gesellschafterdarlehen oder Lieferantenkredite sind Formen der Kreditfinanzierung.

> Fakt Nr. 66
> Wenn Unternehmen von außen Kapital erhalten, das wieder zurückgezahlt werden muss, spricht man von Kreditfinanzierung. Die Vergabe eines Kredits begründet keine Eigentumsrechte, sondern ein Gläubiger-Schuldner-Verhältnis. Das Entgelt für die Kapitalüberlassung sind die vereinbarten Zinsen.

Kapitalüberlassung kann auch in Form von Lieferantenkrediten erfolgen – eine Rechnung wird erst nach Ablauf von einigen Tagen oder Wochen fällig. Damit gibt der Lieferant dem Käufer einen Kredit. Dieser ist zwar nominell zinslos, aber sicher hat der Verkäufer die Zinslast bereits in seine Preiskalkulation einbezogen.

Die wesentlichen Merkmale der Kreditfinanzierung sind die folgenden:

- Der Gläubiger erwirbt einen Anspruch auf Rückzahlung des Nominalwertes des Kredites und auf Zinszahlung.

- Oft, aber nicht zwingend, ist die Kreditfinanzierung mit der Stellung von Sicherheiten verbunden.
- Das Kapital steht dem Unternehmen nur befristet zur Verfügung.
- Der Gläubiger haftet nicht für Verbindlichkeiten des Unternehmens. Im Gegenteil: Der Kreditnehmer haftet dem Gläubiger gegenüber auf Rückzahlung.
- Ein Gläubiger hat grundsätzlich keinen Einfluss auf die Leitung des Unternehmens.

Die gezahlten Zinsen sind vom Grundsatz her Betriebsausgaben und mindern als solche die Steuerbemessungsgrundlage.

Die Goldene Bilanzregel

Auch wenn hier noch nicht über die Bilanz gesprochen wird, so sei doch der folgende, unmittelbar einsichtige Zusammenhang vorausgeschickt: Wenn Kapital langfristig im Unternehmen gebunden ist, müssen die Finanzierungsquellen auch langfristig zur Verfügung stehen. Umgekehrt gilt nur bedingt, dass kurzfristig gebundenes Vermögen auch kurzfristig finanziert werden muss. Dieses Vermögen kann kurzfristig finanziert werden, aber ebenso auch langfristig.

Beispiel

Der Finanzberater Herbert Bayer hat gerade einen Auftrag abgeschlossen und kauft sich von dem eingenommenen Geld ein Auto der gehobenen Klasse. Er hat aber nicht bedacht, dass bereits in zwei Wochen Steuernachzahlungen anstehen und er darüber hinaus laufenden Aufwand für sein Büro abdecken muss.

Die Goldene Bilanzregel ist keine gesetzliche Vorschrift, sondern ein Gebot der kaufmännischen Vernunft. Sie soll verhindern, dass bei Wegfall von nur kurzfristig zur Verfügung stehendem Kapital Vermögenswerte unter Umständen mit Verlust veräußert werden müssen, wenn aus irgendwelchen Gründen keine Anschlussfinanzierung erfolgen kann.

Fakt Nr. 67

Insbesondere bei Investitionen ist immer die Frage in die Betrachtung einzubeziehen, wie langfristig Kapital zur Verfügung steht. Bei Eigenkapital ist das normalerweise zeitlich unbegrenzt der Fall, Fremdkapital steht aber mit sehr unterschiedlichen Fristen zur Verfügung.

Das Unternehmen in Zahlen – betriebliches Rechnungswesen

Im betrieblichen Rechnungswesen werden alle Geld- und Leistungsbewegungen im Unternehmen erfasst und nach bestimmten Regeln zusammengestellt. Es dient der Information und hilft, Entscheidungen zu treffen.

Hier stehen folgende Fragen im Mittelpunkt:

- Wofür sind die Kosten angefallen? (S. 179 ff.)
- Wodurch wurden die Kosten verursacht? (S. 183 ff.)
- Wie werden die Kosten erfasst und verrechnet? (S. 189 ff.)

Grundbegriffe des betrieblichen Rechnungswesens

Wenn ein Unternehmen am Markt existieren will, muss es, zumindest mittelfristig, Gewinne erwirtschaften. Das ist auch für jeden Laien selbstverständlich. Parallel dazu muss auch die Zahlungsfähigkeit, also die Liquidität, immer gegeben sein: Ein Unternehmen, das seine Rechnungen nicht bezahlen kann, also illiquid ist, muss „den Markt verlassen", es ist insolvent.

Fakt Nr. 68
Die beiden Zielgrößen für ein Unternehmen, die seine langfristige Existenz sichern, sind Gewinn und Liquidität. Beides muss nicht zwingend gleichzeitig auftreten. Beide Größen muss das Rechnungswesen und Controlling aber ständig im Blick behalten.

Langfristig besteht zwischen den beiden Unternehmenszielen Gewinn und Liquidität ein Zusammenhang. Kurzfristig kann es aber schon vorkommen, dass zwar Gewinne erwirtschaftet werden, aber das Geld in der Kasse knapp ist, genau wie es vorkommen kann, dass das Unternehmen zwar liquid ist, aber trotzdem Verluste einfährt.

Beispiele

Die Cloud AG hat in einer Boomphase den Börsengang gewagt. Da die Geschäftsaussichten gut waren, wurden die Aktien mühelos platziert. Leider kamen die guten Geschäfte noch nicht zustande. Trotzdem ist die Cloud AG durch die Einzahlungen im Rahmen des Börsengangs immer noch liquid, und das, obwohl sie noch keinen Cent Gewinn erwirtschaftet hat.

> Das Geschäft der Rain GmbH brummt. Gewinn und Umsatz steigen, die eingehenden Gelder werden sofort in neues Material und in Maschinen investiert. Nur eines hat die Geschäftsführung übersehen: Wegen der hohen Gewinne ist auch eine erhebliche Steuernachzahlung fällig. Aber die Kasse ist leer, alles Geld steckt in den Vorräten ...

Das Rechnungswesen muss sich also beiden Seiten widmen, der Berechnung des Überschusses und der Berechnung der Liquidität. Die unterschiedlichen Erfordernisse, die an das betriebliche Rechnungswesen gestellt werden, spiegeln sich auch in den unterschiedlichen, genau definierten Grundbegriffen wider, die jetzt vorgestellt werden.

Den Gewinn ermitteln

Kosten und Leistungen

Hier werden die Dinge berücksichtigt, die dem Sachziel des Unternehmens dienen. Kosten verringern das betriebsnotwendige Vermögen, Leistungen vermehren es. Wohlgemerkt, es geht um die Dinge, die mit dem Betrieb zu tun haben. Der entsprechende Teil des Rechnungswesens ist die Kosten- und Leistungsrechnung oder kurz: die Kostenrechnung.

Alles, was zur Erstellung und Verwertung betrieblicher Leistungen und zur Aufrechterhaltung des Betriebs erforderlich ist, wird – bewertet mit Preisen – zu Kosten. Leistungen sind die im Rahmen des Betriebszwecks erstellten Güter und Dienstleistungen. Kosten und Leistungen führen also immer zu Veränderungen des sogenannten betriebsnotwendigen Vermögens.

Aufwand und Ertrag

In der Gewinn- und Verlustrechnung werden Aufwand und Ertrag einander gegenübergestellt. Beide Größen beziehen sich, anders als bei Kosten und Leistungen, nicht auf das betriebsnotwendige Vermögen, sondern auf das Gesamtvermögen. In diese Rechnung gehen also auch Größen ein, die nicht unbedingt mit der betrieblichen Tätigkeit zu tun haben.

Alle Erträge und alle Aufwände einer Periode – im Normalfall also eines Geschäftsjahres – werden erfasst und einander gegenübergestellt. Aus der Differenz zwischen ihnen ergibt sich der Jahresüberschuss. Diese Rechnung ist also eine Rechnung des externen Rechnungswesens und deshalb auch stark an gesetzliche Regeln gebunden.

Abgrenzung der Kostenrechnung von der Gewinn- und Verlustrechnung

Man mag sich fragen, wozu diese Unterscheidung gut sein soll. Das wird am ehesten deutlich, wenn man sich die Ziele der beiden Rechnungen vor Augen führt: Die Kosten- und Leistungsrechnung als interne Rechnung ist vor allem darauf aus, all das zu erfassen, was betriebliche Ursachen hat. Damit hat sie eine sehr bedeutsame Funktion: Sie ist die Basis für die Kalkulation und damit auch für die Bildung der Preise.

In der Gewinn- und Verlustrechnung wird ein Jahresüberschuss ermittelt, der (zumindest nach dem deutschen Handelsrecht) die Basis für die Steuerbilanz und damit für die Bemessung der ertragsabhängigen Steuern ist. Gegenstand der Verteilung an die Eigentümer ist der Jahresüberschuss nach Steuern, nicht das betriebliche Ergebnis.

Richtig ist, dass es in vielen Fällen keinen Unterschied zwischen Kosten und Aufwand bzw. zwischen Leistung und Ertrag gibt, an einigen Stellen aber doch. In die Kostenrechnung gehen auch kalkulatorische Kosten ein. Das sind Kosten, die nicht in der Gewinn- und Verlustrechnung angesetzt werden können, aber für die Kalkulation bedeutsam sind. Die wichtigsten sind

- kalkulatorische Abschreibungen,
- kalkulatorische Mieten,
- kalkulatorischer Unternehmerlohn und
- kalkulatorische Zinsen.

Auf die kalkulatorischen Kosten wird weiter unten im Abschnitt zur Kostenartenrechnung noch genauer eingegangen.

Weitere Unterschiede zwischen diesen beiden Rechnungen könnten sein:

- Sponsoring oder Spenden sind Aufwand, aber nicht betrieblich bedingt und deshalb keine Kosten.
- Einkünfte aus der Verpachtung eines Grundstücks sind Erträge (die auch versteuert werden müssen), aber nicht betrieblich bedingt und deshalb auch keine betriebliche Leistung.

- Baut beispielsweise ein Bauunternehmen für sich selbst eine Garage, ist das eine Leistung (es entstehen ja auch Kosten). Diese Leistung führt aber nicht zu einem Ertrag.

Die Liste dieser Beispiele ließe sich fortsetzen.

> Fakt Nr. 69
> Sowohl die Kosten- und Leistungsrechnung als auch die Gewinn- und Verlustrechnung ermitteln einen Überschuss. Dabei stellt die Kosten- und Leistungsrechung als interne Rechnung alles zusammen, was mit den betrieblichen Prozessen zusammenhängt, unabhängig davon, ob es steuerlich oder handelsrechtlich anzusetzen ist. Alle nicht betrieblich verursachten Aufwendungen und Erträge werden nicht berücksichtigt.
> Die Gewinn- und Verlustrechnung fasst Aufwand und Ertrag eines Jahres nach handelsrechtlichen Gesichtspunkten zusammen.

Nachdem wir uns mit den beiden Rechnungen befasst haben, die den Überschuss ermitteln, wenden wir uns den Rechnungen zu, deren Ziel es ist, eine Liquiditätsgröße zu ermitteln.

Die Liquidität ermitteln

Über die Notwendigkeit, ständig liquid zu sein, wurde bereits weiter vorn geschrieben. Aber auch hier ist ein feiner Unterschied zu beachten: Das Geldvermögen eines Unternehmens besteht zum einen aus dem Bargeld und den täglich fälligen bzw. kurzfristigen Geldanlagen. Darüber hinaus aber auch aus zwei wesentlichen Größen:

- den Ansprüchen auf Einzahlungen (kurzfristige Forderungen),
- den Verpflichtungen zu Auszahlungen (kurzfristige Verbindlichkeiten).

Wenn sich das Geldvermögen verringert, spricht man von Ausgaben, wenn es sich erhöht, von Einnahmen. Vergleicht man beides, erhält man den Einnahmeüberschuss. Ausgaben sind demnach identisch mit dem Wert aller Produktionsfaktoren (u. a. Arbeit, Material, sonstige Werkstoffe, Energie, Maschinen, Gebäude), die das Unternehmen in einer Periode erhält.

Beispiele

Die S & R GmbH kauft zwei Tonnen Material.

Die Rechnung für Gas und Elektroenergie flattert ins Haus.

Die Löhne/Gehälter der Mitarbeiter werden ausgezahlt, die Sozialabgaben abgeführt.

Das Gegenstück sind die Einnahmen, die das Entgelt für gelieferte Produkte und Dienstleistungen sind. Den größten Anteil macht dabei der Umsatz aus – ist das doch die Hauptquelle aller Zahlungen an das Unternehmen.

Beispiele

Die Johann Hirsch AG verkauft zehn Traktoren in die Ukraine und stellt eine entsprechende Rechnung.

Das alte Firmengrundstück ist an ein Einkaufszentrum verpachtet. Heute ist die Pacht für den nächsten Monat fällig.

Wichtig bei dieser Betrachtung ist: Es geht um das gesamte Geldvermögen, also auch um die Veränderung der kurzfristigen Forderungen und Verbindlichkeiten. In dem Moment, in dem ein Unternehmen eine Rechnung stellt, entsteht ein Umsatz. Die Rechnung kann es dann stellen, wenn es seinen Teil des Vertrages erfüllt hat. Das kann dann der Fall sein, wenn es die Ware geliefert hat, oder auch dann, wenn sie abholbereit im Werk steht.

Nun ist allgemein bekannt, dass bei Rechnungen üblicherweise Zahlungsziele eingeräumt werden. Sie machen Ihren Umsatz also dann, wenn Sie die Rechnung schreiben. Das ist auch der Augenblick der Einnahme. Aber das Geld erhalten Sie erst, wenn der Kunde zahlt. Und hier setzt die Unterscheidung zwischen Einnahme und Einzahlung sowie Ausgabe und Auszahlung an: Ein- und Auszahlungen sind die tatsächlichen Zahlungen. Das Geldvermögen bleibt gleich, wenn eine Forderung durch Ihren Kunden beglichen wird, aber das Konto bewegt sich.

Fakt Nr. 70
Für die Steuerung der Liquidität, also für die Möglichkeit, Rechnungen zu bezahlen, sind die Ein- und Auszahlungen entscheidend. Die Differenz zwischen den Ein- und Auszahlungen einer Periode ist der sogenannte Cashflow, d. h. der Zahlungsmittelzufluss (wenn der Cashflow positiv ist) bzw. der Zahlungsmittelabfluss (bei negativem Cashflow).

Was steht hinter der Unterscheidung zwischen Ausgaben und Einnahmen einerseits, Auszahlungen und Einzahlungen andererseits? Nehmen wir an, Sie haben einen Bürostuhl gekauft und erhalten dafür eine Rechnung, die in 30 Tagen fällig ist. Wie haben sich dadurch Ihre Vermögensverhältnisse geändert?

- Zunächst haben Sie einen Bürostuhl mehr. Ihr materielles Vermögen hat sich also erhöht.

- Im Moment des Kaufs haben Sie eine Ausgabe getätigt. Sie sind die Verpflichtung eingegangen, den Stuhl innerhalb von 30 Tagen zu bezahlen. Der Erhöhung des materiellen Vermögens steht eine Verminderung des Geldvermögens gegenüber – und zwar in identischer Höhe. Damit hat sich Ihr Gesamtvermögen hinsichtlich der Höhe nicht geändert, allerdings gab es eine Änderung in der Struktur. Das hat Auswirkungen sowohl auf die Bilanz als auch auf die Gewinn- und Verlustrechnung.
- Ihr liquides Vermögen hat sich im Moment des Kaufs nicht geändert. Der Kontostand ist noch genau so hoch wie vor dem Kauf.
- Wenn Sie die Rechnung schließlich bezahlen, ändert sich das liquide Vermögen. Der Kontostand sinkt. Da aber gleichzeitig die Verpflichtung zur Zahlung nicht mehr besteht – schließlich haben Sie ja gezahlt –, bleibt das Gesamtvermögen gleich.

Diese Zusammenhänge nutzt im Prinzip jedermann im täglichen Leben aus: Man disponiert anhand der eingegangenen Verpflichtungen und der erwarteten Einzahlungen, welche Auszahlungen man sich im Moment leisten kann.

Beispiel

Lieschen Müller, Sachbearbeiterin für Finanzdisposition, stellt die folgende Rechnung auf:

	heute	morgen	übermorgen
Kontostand	2500 €	1350 €	350 €
Erwartete Einzahlungen	350 €	0 €	2000 €
Nötige Auszahlungen	1500 €	1000 €	900 €
Frei zu disponieren	1350 €	350 €	1450 €

Sind Zahlungen erst später fällig, können Sie die Gelder für die tägliche Disposition nutzen. Sie müssen lediglich sicherstellen, dass Sie im entscheidenden Moment ausreichende Liquidität haben. Gleichzeitig müssen Sie daran denken, dass Rechnungen, die Sie selbst schreiben, nicht am selben Tag zu einem Zahlungseingang auf Ihrem Konto führen. Vielmehr wird das Geld erst einige Tage oder Wochen später eingehen. Für Ihre Liquiditätsplanung stellt sich dann noch das Problem, dass Sie nicht genau wissen, wann – und ob überhaupt – Ihre Kunden zahlen.

Vier Begriffspaare

Zusammengefasst gibt es also die folgenden vier Begriffspaare:

- Leistungen und Kosten,
- Erträge und Aufwendungen,
- Einnahmen und Ausgaben,
- Einzahlungen und Auszahlungen.

In jedem Fall wird eine Differenz gebildet. In den ersten beiden Fällen ist das Ergebnis ein Überschuss, also ein Gewinn oder ein Verlust. In den beiden anderen Fällen ist das Ergebnis ein Cashflow-Betrag oder Liquiditätssaldo, also ein Einnahmeüberschuss oder -defizit. Damit sind die beiden Grundrichtungen im Rechnungswesen abgedeckt. Die Unterschiede liegen darin, was mit diesen Berechnungen erreicht werden soll, eine interne Rechnung oder eine externe.

Der Gesamtzusammenhang wird an dem folgenden Beispiel deutlich.

Beispiel

Das Taxiunternehmen Bleifuß benötigt ein neues Fahrzeug. Herr Bleifuß recherchiert und kommt zu folgendem Ergebnis:

Das Neufahrzeug kostet heute 30 000 €. In sechs Jahren wird ein ähnliches Modell voraussichtlich 36 000 € kosten. Die Abschreibungsdauer beträgt sechs Jahre. Das Autohaus gewährt ein Zahlungsziel von vier Wochen. Damit gelten folgende Werte:

Ausgabe heute: 30 000 €

Auszahlung heute: 0 €

Aufwand im ersten Jahr: 5 000 € (nämlich der Kaufpreis, geteilt durch die voraussichtliche Nutzungsdauer von sechs Jahren).

Kosten im ersten Jahr: 6 000 € (hier ist der Wiederbeschaffungspreis zugrunde zu legen, es fallen also kalkulatorische Abschreibungen an).

In der Gewinn- und Verlustrechnung tauchen Abschreibungen in Höhe von 5 000 € als Aufwand auf. In der internen Kalkulation rechnet Herr Bleifuß aber mit Abschreibungen von 6 000 €, die er jedes Jahr verdienen muss, damit er angesichts der erwarteten Preissteigerung in sechs Jahren auch in der Lage ist, sich ein neues Taxi zu kaufen.

> Fakt Nr. 71
> Oftmals stimmen Kosten, Aufwand und Ausgabe, oft auch die Auszahlung überein. Dann ist es selbstverständlich nicht erforderlich, solche komplizierten Abgrenzungen vorzunehmen. Aber immer dann, wenn diese Größen nicht übereinstimmen, ist die Unterscheidung erforderlich, um im Rechnungswesen das Richtige auszuweisen.

Kosten erfassen, verteilen, zurechnen – die Kostenrechnung

Wozu braucht man die Kostenrechnung?

- Die Preise für Produkte und Dienstleistungen bilden sich auf dem Markt, im Wesentlichen geregelt durch Angebot und Nachfrage. Aber jeder Unternehmer möchte gerne wissen, mit welchen Angebotspreisen er auf dem Markt auftreten und ob er mit diesen Preisen auch Gewinne erwirtschaften kann. Bilden die Marktpreise die Obergrenze, so sind die Kosten, die für die Herstellung eines Produkts oder die Bereitstellung einer Dienstleistung entstehen, die Preisuntergrenze. Der Marktpreis darf die Kosten nicht dauerhaft unterschreiten, oder besser, die Kosten dürfen nicht höher sein als die am Markt erzielbaren Preise.
- Unternehmen ab einer bestimmten Größe sind verpflichtet, einen Jahresabschluss zu erstellen. Eine Grundlage für die Erstellung dieses Abschlusses ist die Erfassung und

Verrechnung der Kosten. Wie sollte sonst ein Gewinn ermittelt werden?

Mithilfe der Kostenrechnung werden die Vorgänge im Betrieb abgebildet. Die Kostenrechnung ist kurzfristig orientiert und wird permanent durchgeführt. Mir ihrer Hilfe werden die anfallenden Kosten erfasst, auf Kostenträger und Kostenstellen verteilt und den Produkten zugerechnet.

> Fakt Nr. 72
> Die Kosten- und Leistungsrechnung besteht aus drei Rechnungen:
> (1) Erfassung sämtlicher Kosten und ihre Zuordnung zu Kostenarten – Kostenartenrechnung
> (2) Zuordnung der angefallenen Kosten auf die verkauften Produkte und Dienstleistungen – Kostenträgerrechnung
> (3) Zuordnung der Kosten, die den Kostenträgern nicht einzeln zugeordnet werden können, auf Kostenstellen – Kostenstellenrechnung.

Die englischen Begriffe dafür sind:

- Kostenartenrechnung = cost type accounting
- Kostenträgerrechnung = product related cost accounting bzw. order related cost accounting
- Kostenstellenrechnung = cost center accounting

Noch ein Wort vorweg: Alle in diesem Abschnitt vorgestellten Rechnungen lassen sich sowohl als Plan-, als auch als Ist-Rechnungen durchführen. Auch die Anwendung der Vollkostenrechnung oder der Teilkostenrechnung (Deckungsbeitragsrechnung) ist grundsätzlich überall möglich.

Wofür sind die Kosten angefallen? – Kostenartenrechnung

Der erste Schritt der Kostenrechnung ist einfach: Sämtliche Kosten werden (meist täglich) erfasst und nach Kostenarten aufgeteilt.

Beispiele

Bei einer Dienstreise des Personalchefs Herzig sind angefallen: Fahrtkosten, Übernachtungskosten, Fortbildungskosten.

Die monatliche Gehaltszahlung führt zu Personalkosten.

Die Beschaffung von Stahl führt zu Materialkosten.

Diese Festlegungen lassen sich nicht automatisieren. Sicherlich sind in vielen Fällen die Zuordnungen klar, aber in manchen Fällen wird man auch verschiedene Zuordnungen vornehmen können. Auf jeden Fall ist es Aufgabe der Kostenrechner, diese Zuordnungen, gegebenenfalls in Zusammenarbeit mit den zuständigen Führungskräften, vorzunehmen.

Am Ende wissen Sie, wofür die Kosten, und zwar sämtliche Kosten des Unternehmens, angefallen sind. Sie können also sagen: Wir hatten so und so viele Personalkosten, Materialkosten und so weiter. Diese Aussage reicht aber nur dann aus, wenn Sie ausschließlich ein einziges Produkt oder eine einzige Dienstleistung anbieten. Das ist aber nur bei den wenigsten Betrieben der Fall. Zumeist haben Sie mehrere Produkte und wollen die Kosten verteilen – zum Zweck der Kalkulation, aber auch, um die Betriebsabrechnung durchzuführen. Das ist Gegenstand der Kostenträgerrechnung, die weiter unten vorgestellt wird.

Die Erfassung der Kosten nach Kostenarten erfolgt klassischerweise in den folgenden Gruppen:

- Materialkosten,
- Personalkosten,
- kalkulatorische Kosten,
- Kosten für Fremdleistungen.

Innerhalb dieser Kostengruppen gibt es selbstverständlich weitere Unterteilungen. Allgemeingültige Vorschriften, nach welchen Kriterien die Kosten gegliedert werden, gibt es nicht, wohl aber Kostenrahmen, die dann an die betrieblichen Gegebenheiten angepasst werden können.

Materialkosten

Zu den Materialkosten gehören die Kosten für Grundmaterial (die Rohstoffe, aus denen ein Produkt besteht), Hilfs- und Betriebsstoffe, Zulieferteile und Handelsware.

Das Grundmaterial geht körperlich in die Produkte ein.

Beispiele

Die Farbe, die Malermeister Krause in seinem Unternehmen verbraucht, ist Grundmaterial.

Die Kunststofffäden, aus denen ein Golfball besteht, sind Grundmaterial.

Das Leder für Schuhe ist Grundmaterial.

Darüber hinaus gibt es Hilfs- und Betriebsstoffe, die dadurch gekennzeichnet sind, dass sie zwar nicht in das Produkt eingehen, aber bei der Herstellung verbraucht werden. Energie wäre ein Beispiel dafür, aber auch Schmier- und Kühlmittel.

Zulieferteile als dritte Kategorie sind Fertigteile oder Baugruppen, die ohne weitere Be- oder Verarbeitung in das Produkt eingehen. So stellt ein Automobilhersteller Rückspiegel in der Regel nicht selbst her, sondern kauft sie von Zulieferern ein.

Handelsware sind die Produkte, die ohne weitere Be- oder Verarbeitung zugekauft werden. Sie dienen meist der Ergänzung des Sortiments.

Beispiele

Der Fleischermeister kauft Brötchen zu, die er seinen Kunden anbietet.

Der Fahrradhersteller kauft Reparatur-Sets zum Reparieren von Fahrradschläuchen und das entsprechende Werkzeug zu.

Fakt Nr. 73

Materialkosten sind alle Kosten, die mit der Beschaffung und Lagerung von Roh-, Hilfs- und Betriebsstoffen entstehen. Sie umfassen nicht nur die Preise der Produkte, sondern auch die Kosten, die durch Beschaffung und Lagerung entstehen.

Personalkosten

Wenn im Betrieb gearbeitet wird, fallen für den Einsatz des Faktors Arbeit Kosten an. Je nachdem, wo die Arbeit geleistet wird, handelt es auch hierbei um Einzelkosten oder Gemeinkosten. Fertigungslöhne lassen sich den Produkten direkt zuordnen, sie sind folglich Einzelkosten. Bei allen anderen

Lohnkosten (Zeitlöhne) ist das schon nicht mehr der Fall, sie müssen als Gemeinkosten den Produkten zugeordnet werden. Fertigungseinzel- und Fertigungsgemeinkosten gemeinsam sind die Fertigungskosten.

Personalkosten fallen aber noch in vielen anderen Bereichen an: in der Verwaltung, in Hilfsabteilungen und in der Unternehmensführung. Hier handelt es sich nicht um die Arbeit am Produkt, sondern um sogenannte dispositive Arbeit. Sie ist erforderlich, lässt sich aber nicht direkt bestimmten Produkten oder Dienstleistungen zuzuordnen, fällt also unter die Gemeinkosten. Zu ihrer Verrechnung einen Schlüssel zu finden, ist nicht so einfach (siehe hierzu auch den Abschnitt zur Kostenstellenrechnung weiter unten).

Neben diesen Personalbasiskosten gibt es

- Personalzusatzkosten (u. a. Kosten für die gesetzliche Sozialversicherung, Kosten für freiwillige soziale Leistungen) und
- sonstige einmalige Personalkosten (z. B. für Abfindungen, Zusatzkosten bei Umstellungen).

Die Tendenz geht in einer Wirtschaft, wie sie in Deutschland oder Europa üblich ist, weg von den direkt zurechenbaren Personaleinzelkosten hin zu einem immer größeren Anteil an Personalgemeinkosten. Das ist keine bewusst gesteuerte Entwicklung, sondern Ergebnis der fortschreitenden Arbeitsteilung und der technischen Entwicklung.

Kalkulatorische Kosten

Kalkulatorische Kosten gehen, wie der Name schon sagt, in die Kostenkalkulation ein. Sie verursachen aber keinen Aufwand, der in der Gewinn- und Verlustrechnung berücksichtigt werden kann. Auf dieses Thema wurde bereits weiter oben in diesem Kapitel eingegangen.

Beispiele

Kalkulatorische Abschreibungen:

Ein technisches Gerät hat in der Anschaffung 60 000 € gekostet und kann über fünf Jahre abgeschrieben werden. Die in der Gewinn- und Verlustrechnung anzusetzenden Abschreibungen betragen demnach 12 000 € pro Jahr.

Voraussichtlich wird ein vergleichbares Gerät nach fünf Jahren aber nur noch für 70 000 € erhältlich sein. In der eigenen Kalkulation sollte man also 14 000 € Abschreibungen pro Jahr ansetzen, damit am Ende der Nutzungsdauer genug Geld verdient ist, um das neue Gerät kaufen zu können.

Kalkulatorische Miete:

Nutzt ein Einzelhändler das Ladengeschäft im eigenen Haus, muss er dafür keine Miete zahlen, denn es gehört ihm ja selbst. Aber er kann den Laden auch nicht an andere vermieten. Diese „entgangene Miete" muss er mit seinem Geschäft mitverdienen.

Ähnlich ist die Situation bei kalkulatorischem Unternehmerlohn. Er ist einzukalkulieren, wenn man vom Gewinn leben können will (z. B. in einer Personengesellschaft oder als Einzelkaufmann) und kein Gehalt, beispielsweise als Geschäftsführer bezieht. Die kalkulatorischen Zinsen schließlich sind die einzukalkulierenden Renditeerwartungen auf das eingesetzte Eigenkapital, für das man ja keine Zinsen zahlen muss.

Kosten für Fremdleistungen

Ergänzend sollten auch die Kosten für Fremdleistungen beachtet werden. Hierbei handelt es sich um Leistungen, die andere Wirtschaftseinheiten erbringen. Das können z. B. sein:

- Pachtkosten,
- Leasinggebühren,
- Steuern (allerdings nur die sogenannten Kostensteuern. Damit sind z. B. die Kfz-Steuer oder die Grundsteuer gemeint. Sie erhöhen die Kosten. Keinesfalls gehören dazu die Gewerbe- und die Körperschaftsteuer, da diese sich auf Einkommen und Ertrag beziehen),
- Gebühren und Beiträge.

Wodurch wurden die Kosten verursacht? – Kostenträgerrechnung

Zu wissen, welche Kostenarten angefallen sind, genügt noch nicht. Um vernünftig kalkulieren zu können, müssen Sie die Kosten auf die Kostenträger, d.h. auf die einzelnen Produkte oder Dienstleistungen Ihres Unternehmens aufteilen.

> Fakt Nr. 74
> Kostenträger sind die Produkte und Leistungseinheiten eines Unternehmens. Für ihre Herstellung fallen Kosten an – sie tragen die Kosten –, durch ihren Verkauf fließt dem Unternehmen wieder Geld zu – die Leistung wird verkauft.

Die Kostenträgerrechnung kann als Kostenträgerstück- oder Kostenträgerzeitrechnung erfolgen:

- In der Kostenträgerstückrechnung werden die Kosten bestimmt, die eine Einheit (Stück, kg, m^2 ...) eines Kostenträgers verursacht. Indem man die Kosten pro Leistungseinheit ermittelt, erhält man die Preisuntergrenze.
- In der Kostenträgerzeitrechnung werden die Leistungen einer Periode (z. B. eines Geschäftsjahres) den Kosten dieser Periode gegenübergestellt. Leistungen und Kosten sind jeweils den Kostenträgern zugeordnet. Auf diese Weise ermittelt man das Betriebsergebnis des Unternehmens als Summe der Ergebnisse der einzelnen Kostenträger.

Gesamtkosten- und Umsatzkostenverfahren

Kaum ein Unternehmen wird sämtliche Leistungen, die es im Lauf eines Jahres erbracht hat, im selben Jahr vollständig verkaufen. Die Bestände können sich erhöhen. Andererseits kommt es auch vor, dass im Lauf eines Geschäftsjahres Produkte und Dienstleistungen verkauft werden, die zu Beginn des Geschäftsjahres bereits vorhanden waren oder mit deren Erstellung zumindest schon begonnen worden war.

Die Leistungen eines Unternehmens beziehen sich immer auf die abgesetzte Menge, die Kosten jedoch auf die hergestellte Menge. Stimmen abgesetzte und hergestellte Menge nicht überein und verändern sich im Laufe des Jahres darüber hinaus die Bestände an unfertigen Erzeugnissen, muss über eine Rechnung die Vergleichbarkeit hergestellt werden. Die beiden dabei genutzten Verfahren sind das Gesamtkostenverfahren und das Umsatzkostenverfahren. Mit diesen Verfahren gelangt man auf verschiedenen Wegen zum selben Ergebnis.

Ausgangspunkt des Gesamtkostenverfahrens ist der Umsatz. Dieser wird um die Bestandsänderungen korrigiert:

	Umsatz
+	Erhöhung des Bestands an fertigen und unfertigen Erzeugnissen
–	Verringerung des Bestands an fertigen und unfertigen Erzeugnissen
=	betriebliche Leistung

Die Bestandsänderungen werden in Höhe der Kosten bewertet, die für die Herstellung der betreffenden Erzeugnisse angefallen sind. Keinesfalls dürfen Gewinnanteile in die Berechnung einfließen, denn die Gewinne sind noch nicht realisiert. Von dieser betrieblichen Leistung werden die gesamten Kosten des Jahres abgezogen und man erhält das Betriebsergebnis.

Beim Umsatzkostenverfahren geht man den gegenläufigen Weg. Basis ist wiederum der Umsatz, der aber nicht um Bestandsänderungen korrigiert wird. Von diesem Umsatz werden nun die Kosten abgezogen, die rechnerisch genau auf den Umsatz entfallen.

Fakt Nr. 75
Mithilfe der Kostenträgerzeitrechnung wird das betriebliche Ergebnis ermittelt. Abgesetzte und hergestellte Menge müssen vergleichbar gemacht werden. Beim Gesamtkostenverfahren wird der Umsatz um die Veränderung der Bestände an fertigen und unfertigen Erzeugnissen korrigiert. Beim Umsatzkostenverfahren werden dem Umsatz lediglich die Kosten des Umsatzes und nicht die Gesamtkosten gegenübergestellt.

Beispiel

Gesamtkostenverfahren:

Umsatz	12 000 T€
Bestandserhöhung	800 T€
Leistung	12 800 T€
Gesamtkosten des Jahres:	11 000 T€
Betriebsergebnis:	+ 1 800 T€

Umsatzkostenverfahren:

Umsatz:	12 000 T€
Umsatzkosten:	10 200 T€
Betriebsergebnis:	+ 1 800 T€

Der Unterschied zwischen den Gesamtkosten und den Umsatzkosten sind genau diejenigen 800 000 €, die zu einer Erhöhung der Bestände (bewertet zu den dafür angefallenen Kosten) geführt haben.

Einzel- und Gemeinkosten

Bisher haben wir nur das Gesamtunternehmen betrachtet. Die gleichen Rechnungen kann man aber auch durchführen, wenn man die Kosten auf Kostenträger aufteilt.

Beispiel

Malermeister Krause möchte wissen, welche seiner Leistungen Kosten in welcher Höhe verursachen. Deshalb hat er die folgenden

Kostenträger definiert: Privatkundenaufträge (Wohnungen), gewerbliche Kundenaufträge und Außenarbeiten (z. B. Fassaden). Seine entsprechende Kostenaufteilung ergibt:

	private	gewerbliche	Außen
Material	1 500 €	9 800 €	7 200 €
Löhne	2 500 €	12 000 €	8 500 €

Auf diese Weise ist es möglich, festzustellen, welche Kosten für welche Leistung angefallen sind, und die Preise entsprechend zu kalkulieren. Nun taucht jedoch ein Problem auf: Ein Teil der Kosten lässt sich relativ problemlos den Produkten und Dienstleistungen zuordnen. Das sind die Einzelkosten. Es reicht jedoch nicht aus, die Einzelkosten zu kalkulieren. Was soll mit all den Kosten geschehen, die zwar anfallen, bei denen man aber nicht weiß, für welchen Kostenträger sie angefallen sind? Hier handelt es sich um Gemeinkosten (allgemeine Kosten), die verteilt werden müssen, will man die Kosten für einzelne Kostenträger vollständig ermitteln.

Rohstoffe, Zulieferteile und zur Sortimentsergänzung zugekaufte Handelsware lassen sich in der Regel bestimmten Produkten genau zuordnen, sie sind damit Materialeinzelkosten. Bei Hilfs- und Betriebsstoffen ist das nicht so ohne weiteres möglich: Wie wollen Sie feststellen, wie viel Schmiermittel Sie jeweils für das Produkt A, B oder C verbraucht haben?

Man muss also die Kosten für Hilfs- und Betriebsstoffe mithilfe eines Verteilungsschlüssels den Produkten zuordnen. Das Gleiche gilt für die übrigen Materialgemeinkosten wie etwa die Kosten für Anlieferung, Einlagerung und Lagerverwaltung.

Als Schlüssel zur Verteilung der Materialgemeinkosten werden meist die Materialeinzelkosten verwendet. Man ermittelt, wie hoch die gesamten Materialgemein- und Materialeinzelkosten sind, und bestimmt den entsprechenden Zuschlagssatz.

Beispiel

In der S & R GmbH fallen pro Jahr für alle Produkte zusammen Materialeinzelkosten in Höhe von 10 Mio. € an. Sämtliche Materialgemeinkosten betragen im selben Zeitraum 1,5 Mio. €. Damit beträgt der Zuschlagssatz 15 Prozent. Die Kalkulation der Materialkosten könnte demnach wie folgt aussehen:

	Produkt A	Produkt B	Produkt C
Materialeinzelkosten	5 000 T€	4 000 T€	1 000 T€
Materialgemeinkosten	750 T€	600 T€	150 T€
Materialkosten gesamt	5 750 T€	4 600 T€	1 150 T€

Ähnlich sieht es bei den Fertigungskosten aus. Auch hier gibt es einen Teil, der den Produkten direkt zuzuordnen ist – die Fertigungslöhne –, aber auch einen nicht unerheblichen Teil, bei dem das nicht so ohne weiteres möglich ist.

Beispiel

Hilfslöhne für das Einrichten von Maschinen, die Bereitstellung von Material oder die Beseitigung von Abfallstoffen sind Fertigungsgemeinkosten. Das Gleiche gilt für Reparaturleistungen.

Die Fertigungsgemeinkosten werden meist auf der Basis der Fertigungslöhne zugeordnet.

Aber immer noch verbleibt ein großer Teil Gemeinkosten, die verrechnet werden müssen. Man denke nur an die Verwaltungskosten, den Aufwand für die Unternehmensführung, Finanzierungskosten und vieles andere. Das Hilfsmittel zur Verrechnung solcher Gemeinkosten ist die Kostenstellenrechnung. Sie ist das Bindeglied zwischen Kostenarten- und Kostenträgerrechnung.

Wie werden die Kosten erfasst und verrechnet? – Kostenstellenrechnung

Auch diejenigen Kosten, die einem Produkt nicht direkt zugeordnet werden können, müssen erfasst werden. Die Preise, die für die Produkte und Dienstleistungen des Unternehmens am Markt erzielt werden können, müssen auch die Verwaltungs- und die Forschungs- und Entwicklungskosten, kurz, die gesamten Gemeinkosten decken. Der Weg zu dieser Rechnung ist folgender: Diese Kosten werden den Stellen zugerechnet, die für ihre Entstehung verantwortlich sind.

Beispiel

Denken Sie wieder an Malermeister Krause. Die Materialkosten kann er einigermaßen korrekt zuordnen, dasselbe gilt für die Löhne der Mitarbeiter. Die Mitarbeiter schreiben auf, wie viel Zeit sie zur Erfüllung der jeweiligen Aufträge benötigt haben. Probleme tauchen aber auf, wenn es um die Frage geht, welchem Kostenträger Kosten wie z. B. Abschreibungen oder Aufwendungen für die Büroarbeit zugeordnet werden sollen. Dafür wird Herr Krause die Kostenstellenrechnung verwenden.

Die Gemeinkosten werden auf Kostenstellen gesammelt und nach verschiedenen Gesichtspunkten ausgewertet. Auf diese Weise wird der große Block der Gemeinkosten in eine kleinere Größenordnung gebracht und so einer sinnvollen Betrachtung zugänglich gemacht. Die Gemeinkosten werden auf Produkte oder Produktgruppen verteilt. Auf diese Weise werden Sie in die Lage versetzt, die Kosten effektiv zu planen und zu überwachen.

> Fakt Nr. 76
> Die Kostenstellenrechnung ist neben der Kostenträgerrechnung das wichtigste Werkzeug im Controlling. Sie ermöglicht eine relativ korrekte Zuordnung von Gemeinkosten zu Kostenträgern entsprechend der Leistungen, die diese von den Kostenstellen beziehen. Dies geschieht durch die Ermittlung von Zuschlagsätzen für die Kalkulation.

Die ersten Zuschlagssätze haben Sie bereits im Abschnitt über die Material- und Fertigungsgemeinkosten kennengelernt.

Was sind Kostenstellen?

Kostenstellen sind Abrechnungsbereiche, denen Kosten zugeordnet werden. Eine grobe Gliederung ist beispielsweise die Einteilung in die Funktionsbereiche eines Betriebs, d. h. in die Bereiche

- Material,
- Fertigung,
- Verwaltung,
- Vertrieb.

Innerhalb dieser Bereiche werden untergeordnete Kostenstellen gebildet. Wie weit das geschieht, ist vor allem eine Frage der Wirtschaftlichkeit.

Beispiele für Kostenstellen

Kostenstelle Buchhaltung, Kostenstelle Innerbetrieblicher Transport, Kostenstelle Reisekosten, Kostenstelle Reparaturabteilung

Man unterscheidet Haupt- und Hilfskostenstellen. Hauptkostenstellen sammeln die von ihnen verursachten Kosten und verrechnen diese direkt an die Kostenträger weiter. Hilfskostenstellen dagegen dienen dazu, innerbetriebliche Leistungen oder Güter zu erstellen, z. B. eine Reparaturabteilung. Die Kosten, die durch Hilfskostenstellen verursacht werden, werden deshalb nicht direkt auf Kostenträger verrechnet, sondern auf andere Kostenstellen verteilt.

Beispiel

Die Reparaturabteilung arbeitet sowohl für die Fertigungsbereiche, als auch für die Verwaltung – auch dort ist gelegentlich eine Steckdose zu reparieren. Ihre Kosten werden auf die Fertigungsabteilungen, aber auch auf die Verwaltungsabteilungen verteilt. Maßgeblich für die Zuschlagssätze könnten dabei die geleisteten Stunden sein.

Die Kosten der Verwaltung einschließlich der auf sie verrechneten Kosten der Reparaturabteilung werden anschließend auf die Kostenträger verteilt.

Schlüsselgröße für die Zurechnung

Es wurde bereits angedeutet: Eine sinnvolle Schlüsselgröße für die Zurechnung der Gemeinkosten zu finden, ist nicht einfach. Je nachdem, um welche Art von Gemeinkosten es sich handelt, kommen dazu beispielsweise in Frage:

- die genutzte Fläche (z. B. bei Heizkosten oder generell Energiekosten, Reinigungsaufwand),
- die in Anspruch genommene Zeit (z. B. bei Reparaturen, Rechtsgutachten),
- die Anzahl der Mitarbeiter (z. B. Kantine und Ähnliches, Betriebsfeiern).

Es gibt keine absolut gerechten Schlüssel, und es lohnt auch nicht, aufwendig danach zu suchen. Lediglich grobe „Ungerechtigkeiten" sollten vermieden werden.

Nur einen Teil der Kosten verrechnen – Deckungsbeitragsrechnung

Bisher sind wir von der Verrechnung aller Kosten ausgegangen, also der Vollkostenrechnung. Dabei wurde aber deutlich, dass ein nicht unerheblicher Anteil der Kosten nicht direkt zuzuordnen ist, sondern verrechnet wird – mit allen damit verbundenen Problemen. Dieses Vorgehen ist zwar vom Grundsatz her richtig, kann aber bei ungenauer Zurechnung zu Fehlentscheidungen führen.

Der Ansatz der Teilkostenrechnung ist deshalb modifiziert: Auf die Kostenträger wird nur der Teil der Kosten verrechnet, der ihnen direkt zugerechnet werden kann. Im Normalfall handelt es sich dabei um die variablen Kosten, also die Kosten, die sich verändern, wenn die Produktionsmenge variiert wird. Der Rest – und dieser kann ziemlich groß sein – sind die Fixkosten, .die auch bei Mengenänderungen konstant (fix) bleiben.

> Fakt Nr. 77
> In der Deckungsbeitragsrechnung wird nur einen Teil der Kosten auf die Kostenträger verrechnet, nämlich die variablen Kosten oder, in einer anderen Variante, die Einzelkosten. Die Differenz zwischen dem Umsatz und den Teilkosten ist der Deckungsbeitrag. Dieser trägt dazu bei, die Fixkosten zu decken. Der Gewinn des Betriebes errechnet sich dann als Differenz aus Deckungsbeitrag und Restkosten (Fixkosten).

Mithilfe der Deckungsbeitragsrechnung lassen sich u. a. die folgenden Fragen beantworten:

- Wann wird die Gewinnschwelle (Break-even-point) erreicht, d. h., wann erreichen die Erlöse die Kosten?
- Welche Produkte tragen am meisten zum Gewinn bei?
- Lohnen sich kleinere Zusatzaufträge, etwa zur besseren Kapazitätsausnutzung?
- Was ist sinnvoller, Eigenfertigung oder Fremdbezug?

Beispiel zur Verrechnung von Kosten

Die Schall & Rauch Pyrotechnik GmbH stellt Knaller und Raketen her. Die Reparaturabteilung hat zwei Mitarbeiter, die 3 520 Arbeitsstunden abgerechnet haben, davon für die Abteilung Knaller 2 112 Stunden (= 60 Prozent), für die Raketenabteilung 1 408 Stunden (= 40 Prozent). Die Fixkosten von 300 000 € werden gleichmäßig auf die beiden Erzeugnisgruppen verteilt. Die übrigen Angaben lassen sich aus der folgenden Tabelle ablesen.

	Knaller (€)	Raketen (€)	Rep.abt. (€)
Personalkosten	200 000	250 000	60 000
Materialkosten	350 000	400 000	40 000
Summe			100 000
Verrechnung Rep.kosten	60 000	40 000	
Summe Einzelk.	610 000	690 000	
Fixkosten	150 000	150 000	
Summe Kosten	760 000	840 000	
Umsatz	924 000	832 500	
Ergebnis	+ 164 000	–7 500	

Umsatz	924 000	832 500	
Summe Einzelk.	610 000	690 000	
Deckungsbeitrag	314 000	142 500	

Beide Produktgruppen gemeinsam erzielen also einen Deckungsbeitrag von 456 500 €. Nach Abzug der Fixkosten von 300 000 € lautet das Ergebnis 156 500 €. Das entspricht genau der Summe der Ergebnisse der beiden Produktgruppen gemeinsam.

Würde die Schall & Rauch sich allein auf die Vollkostenrechnung (erste Tabelle) stützen, so ergäbe sich aus dem für die Raketenabteilung ausgewiesenen Verlust der Schluss, dass die Raketen aus dem Programm gestrichen werden sollten. Es fielen zwar die Material- und unter bestimmten Umständen auch die Personalkosten weg. Was bliebe, wären aber die gesamten Reparaturkosten und die Fixkosten.

Wie das Beispiel zeigt, kann es sinnvoll sein, ein Produkt mit positivem Deckungsbeitrag im Programm zu belassen, auch wenn es nach der Vollkostenrechnung keinen Gewinn erwirtschaftet.

Jahresabschluss: Die Darstellung nach außen

Der Jahresabschluss ist ein standardisiertes System betriebswirtschaftlicher Rechnungen, das komplexe wirtschaftliche Zusammenhänge des Unternehmens nach außen sichtbar darstellt. Er wird aus den Vorgängen der Finanzbuchführung hergeleitet. Zu einem vollständigen Jahresabschluss gehören

- die Bilanz, d. h. eine Rechnung die das Vermögen und seine Finanzierung darstellt (S. 204 ff.),
- die Gewinn- und Verlustrechnung, die die Entstehung und Zusammensetzung des Ergebnisses verdeutlicht (S. 208 ff.),
- der Anhang, der wichtige Erläuterungen zum Zahlenwerk gibt (S. 211 ff.)und
- der Lagebericht, in dem wichtige Rahmenbedingungen dargestellt werden, die aus dem reinen Zahlenwerk nicht ersichtlich sind (S. 214 ff.).

Der Jahresabschluss muss einmal im Jahr zum Ende des Geschäftsjahres erstellt werden.

Bilanz ziehen – für sich und für andere

Der Jahresabschluss schließt die Buchführung des Geschäftsjahres ab. Er weist das Geschäftsergebnis aus und zeigt die Zusammensetzung des Betriebsvermögens. Damit ermöglicht er einen guten Überblick über die aktuelle Situation des Unternehmens und die Entwicklung des Ergebnisses.

Informationen für wen?

Selbstverständlich ist der Jahresabschluss wichtig für den oder die Eigentümer. Gerade bei kleineren Unternehmen ist der Abschluss, zumeist durch einen Steuerberater erstellt, oft die einzige Informationsquelle. Während des Jahres wird der Unternehmer sicherlich in regelmäßigen Abständen die Betriebswirtschaftlichen Auswertungen (BWA) erhalten, aber erst der Jahresabschluss umfasst sämtliche Buchungen des Jahres. Größere Unternehmen haben zwar zumeist ein ausgefeiltes Controllingsystem, das wesentliche Informationen liefert, aber der Jahresabschluss ermöglicht den Vergleich mit anderen, da er nach für alle Unternehmen einheitlich festgelegten Regeln erfolgt.

Neben den Eigenkapitalgebern (Eigentümern, Gesellschaftern, Aktionären) haben aber noch andere Personengruppen ein ureigenes Interesse an den Daten der Jahresabschlüsse. Diese sind insbesondere

- Die Fremdkapitalgeber: Banken und Käufer von Anleihen des Unternehmens wollen ihr Risiko abschätzen und analysieren demzufolge den Jahresabschluss.
- Die Lieferanten: Sie interessiert die wirtschaftliche Situation ihrer Abnehmer. Insbesondere bei kundenspezifischen Anfertigungen geht der Lieferant oft erheblich in Vorleistung und möchte deshalb wissen, ob die Leistung auch abgenommen und schließlich bezahlt wir.
- Die Kunden: Sie wollen wissen, ob bei der Auftragsvergabe auch mit einem Abschluss der Leistung und dementsprechend mit einer Lieferung zu rechnen ist.

Beispiel

Bei der Bestellung einer Küche ist oft eine Anzahlung zu leisten. Wird der Küchenlieferant während der oft mehrere Wochen dauernden Herstell- und Lieferzeit insolvent, ist die Anzahlung meist verloren. Gleiches gilt auch zwischen Unternehmen. Der Hersteller von Motorrädern will sicher sein, dass sein Motorenlieferant nicht ausfällt.

Weitere Jahresabschlussinteressenten sind

- Wirtschaftsverbände und Kammern: Diese wollen über die wirtschaftliche Situation ihrer Mitglieder informiert sein.
- Gewerkschaften: Sie wollen Informationen, um die Aussichten bei Tarifverhandlungen einschätzen zu können.
- Der Staat und verschiedene seiner Organe: Sie benötigen statistische Angaben.
- Nicht zuletzt werden die Steuern auf der Basis des Jahresabschlusses (der sogenannten Steuerbilanz) erhoben.

Fristen und andere Pflichten

> Fakt Nr. 78
> Jedes Unternehmen ist grundsätzlich zur Rechnungslegung und damit zur Erstellung eines Jahresabschlusses verpflichtet. Die rechtlichen Grundlagen finden sich im Handelsgesetzbuch (HGB, § 238, die genaueren Regeln in den folgenden Paragraphen des dritten Buches des HGB) und im Publizitätsgesetz (PublG, §§ 1, 6 und 9). Ausgenommen von dieser Pflicht sind Kleinunternehmer und freiberuflich Tätige.

Um die Pflicht, einen Jahresabschluss zu erstellen, kommt kaum kein Kaufmann herum. Das gilt übrigens in allen wirtschaftlich entwickelten Staaten weltweit. Die genauen Bestimmungen unterscheiden sich je nach Rechtsform und Größe des Unternehmens.

In den allgemeinen Rechnungslegungsvorschriften, die für alle Unternehmen gelten, ist lediglich bestimmt, dass der Jahresabschluss „innerhalb der einem ordnungsgemäßen Geschäftsgang entsprechenden Zeit" aufzustellen ist. Welche Frist nun einem ordnungsgemäßen Geschäftsgang entspricht, ist im Einzelfall zu regeln.

In den Spezialbestimmungen für Kapitalgesellschaften sind die Fristen für Jahresabschluss und Lagebericht allerdings konkret bestimmt. Sie hängen von der Größe der Kapitalgesellschaft ab und betragen drei bis maximal sechs Monate nach Ende des Geschäftsjahres.

Fakt Nr. 79

Der Jahresabschluss ist vom Kaufmann unter Angabe des Datums zu unterzeichnen. Sind mehrere persönlich haftende Gesellschafter vorhanden, so haben all diese zu unterzeichnen.

Damit sind der Kaufmann bzw. der Geschäftsführer oder der Vorstand (je nach Rechtsform) verantwortlich für die Inhalte des Jahresabschlusses. Das gilt übrigens unabhängig davon, ob sie ihn selbst erstellt haben und ob sie die Inhalte nachvollziehen können. Unkenntnis schützt nicht vor der Verantwortung!

Die Grundsätze ordnungsgemäßer Buchführung

Die Grundsätze ordnungsmäßiger Buchführung (GoB) sind allgemein anerkannte kaufmännische Regeln, nach denen Geschäftsbücher zu führen und Jahresabschlüsse aufzustellen sind. Zusammenfassend kann man sie mit den folgenden Geboten in allen vergleichbaren Rechtsordnungen finden:

- Offenlegung des Wesentlichen (Materiality),
- Vergleichbarkeit, d. h. Beibehaltung der einmal gewählten Methodik, wenn verschiedene Möglichkeiten zulässig sind,
- Going-Concern-Prinzip, d. h. man geht davon aus, dass das Unternehmen fortgeführt wird. Bei einer Auflösung oder Insolvenz werden die einzelnen Vermögensgegenstände anders bewertet als im Normalfall, in dem sie sinnvoll zusammengestellt sind und damit eine Einheit bilden,

- Periodisierung, d. h. alle Vorgänge einer Periode/eines Geschäftsjahres werden betrachtet und gegen andere Perioden abgegrenzt.

Materielle und formelle Ordnungsmäßigkeit

Die materielle Ordnungsmäßigkeit umschreibt eigentlich eine Selbstverständlichkeit: Es ist dem Kaufmann nicht überlassen, nach eigenem Gutdünken bestimmte Geschäftsvorfälle aufzunehmen und andere, die er für nicht so wichtig hält, wegzulassen. Sämtliche Vorfälle, die im Geschäftsbetrieb zu einer Veränderung einzelner Vermögenswerte geführt haben, sind vollständig und der Wahrheit entsprechend aufzuzeichnen!

Beispiele

Der Kauf von Material verringert Ihr Geldvermögen und erhöht das Vorratsvermögen.

Die Zahlung von Löhnen verringert Ihr Geldvermögen.

Der Verkauf eines Erzeugnisses verringert Ihr Vorratsvermögen an Fertigerzeugnissen und erhöht Ihr Geldvermögen in Form von Forderungen.

Willkürfreiheit, die in diesem Zusammenhang verlangt wird, heißt, dass die aufgezeichneten Sachverhalte nachprüfbar sein müssen und keinerlei Manipulationen unterworfen wurden.

Formelle Ordnungsmäßigkeit heißt, dass alle Positionen eindeutig und sachlich zutreffend bezeichnet werden müssen. Für Kapitalgesellschaften gibt es entsprechende Regelungen zur Mindestgliederung von Bilanz und Gewinn- und Verlustrechnung. Mindestgliederung in diesem Zusammenhang bedeutet, dass nicht noch weiter zusammengefasst werden darf. Eine tiefere Aufgliederung von Einzelpositionen ist hingegen immer möglich.

Beispiel

Sie dürfen in der Bilanz Maschinen des Anlagevermögens und Vorräte an Material oder Fertigerzeugnissen nicht einfach zusammenfassen. Es ist Ihnen aber unbenommen, die Vorräte in Materialvorräte, getrennt nach Grund- und Hilfsmaterial, Vorräte an unfertigen Erzeugnissen und Vorräte an Fertigerzeugnissen aufzugliedern.

An die für Kapitalgesellschaften geltenden Regeln halten sich üblicherweise auch die Unternehmen anderer Rechtsformen.

Zur formellen Ordnungsmäßigkeit gehört weiterhin, dass die Aussagen, die in den Büchern und in den aus den Büchern abgeleiteten Jahresabschlüssen getroffen wurden, nachprüfbar sind. Das bedeutet, dass die entsprechenden Belege während der gesetzlich vorgeschriebenen Zeit (in der Regel also zehn Jahre lang) in geordneter Form aufgehoben werden müssen.

Elektronische Archivierung von Belegen

Nicht immer ist es möglich, sämtliche Belege in Papierform aufzuheben. Die elektronische Archivierung ist möglich, jedoch muss sichergestellt sein, dass keine nachträglichen Veränderungen möglich sind. Zur Archivierung sollten also keine Excel-Tabellen verwendet werden, sondern beispielsweise PDF-Dokumente oder Filme. Man sollte allerdings Belege, die elektronisch gespeichert sind, nicht leichtfertig vernichten. Im Zweifel ist die Papierform gerichtsfest.

> Fakt Nr. 80
> Sämtliche Vorfälle, die im Geschäftsbetrieb zu einer Veränderung einzelner Vermögenswerte geführt haben, sind vollständig und der Wahrheit entsprechend aufzuzeichnen. Alle Positionen müssen eindeutig und sachlich zutreffend bezeichnet werden. Für Kapitalgesellschaften gibt es entsprechende Regelungen zur Mindestgliederung von Bilanz und Gewinn- und Verlustrechnung.

Spezielle Grundsätze im Jahresabschluss

Neben den eher allgemein formulierten Grundsätzen der Ordnungsmäßigkeit gelten im Jahresabschluss spezielle Grundsätze. Die wichtigsten sind:

- das Saldierungsverbot. Sie dürfen Positionen nicht gegenseitig aufrechnen, wenn dadurch die Nachvollziehbarkeit leidet;

Beispiel

A hat eine Forderung gegen B in Höhe von 1000 €, B wiederum eine Forderung gegen A in Höhe von 600 €.

In seiner Bilanz muss A sowohl seine Forderung als auch seine Verbindlichkeit gegenüber B einzeln ausweisen und nicht etwa eine saldierte Forderung von 400 €.

- Bilanzidentität: Die Schlussbilanz des alten Jahres muss exakt der Eröffnungsbilanz des neuen Jahres entsprechen.
- Einzelbewertung: Jedes Wirtschaftsgut muss einzeln erfasst und bewertet werden. Eine Zusammenfassung darf erst in der Bilanz erfolgen.

- Vorsichtsprinzip: Dieses Prinzip ist speziell im HGB sehr ausgeprägt. Drohende Verluste müssen durch Abwertungen berücksichtigt werden. Erwartete Gewinne finden keinen Niederschlag. Erst wenn der Gewinn realisiert wurde, findet er Eingang in die Bilanz.

Beispiel

Die Johann Hirsch AG stellt u. a. Traktoren her. Die Herstellung eines Traktors kostet 80 000 €, der Verkaufspreis beträgt 100 000 €. Ein fertiger, aber noch nicht verkaufter Traktor wird mit 80 000 € bewertet. Erst durch den Verkauf wird der Gewinn realisiert, denn erst dann entsteht eine Forderung gegen den Käufer von 100 000 €, während sich gleichzeitig der Vorrat an Fertigerzeugnissen um 80 000 € verringert.

Auch Verderb, deutliche Preissenkungen des Materials oder andere Wertminderungen sind in der Bilanz zu berücksichtigen, indem die Vermögensgegenstände abgewertet werden.

Internationale Rechnungslegungsvorschriften

Um die internationale Vergleichbarkeit herzustellen, gibt es Rechnungslegungssysteme, die international gelten. Die bedeutsamsten sind

- die IFRS (International Financing Reporting Standards) und die Vorgängerstandards IAS (International Accounting Standards) und
- die US-GAAP (US Generally Accepted Accounting Principles).

Sie unterscheiden sich von den HGB-Vorschriften vor allem durch teilweise andere Bewertungen. So gilt das Vorsichtsprinzip nicht mehr so uneingeschränkt wie nach dem HGB.

Deutsche Unternehmen bilanzieren grundsätzlich nach HGB, jedoch sind kapitalmarktorientierte Kapitalgesellschaften seit 2005 verpflichtet, die IFRS anzuwenden. Aktiengesellschaften, die an US-Börsen notiert sind, müssen die dortigen Rechungslegungsvorschriften beachten.

Die Bestandteile des Jahresabschlusses

Zu jedem Jahresabschluss gehören die Bilanz und die Gewinn- und Verlustrechnung. Bei Kapitalgesellschaften ab einer bestimmten Größe – abhängig von Bilanzsumme, Umsatzerlösen und der Zahl der durchschnittlich im Unternehmen beschäftigen Arbeitnehmer – kommen noch der Anhang und eventuell der Lagebericht hinzu. Jahresabschlüsse sind öffentlich und müssen, ebenfalls je nach der Unternehmensgröße, beim zuständigen Amtsgericht (Handelsregister) eingereicht und bei großen Gesellschaften auch veröffentlicht werden.

Bilanz

Jede Bilanz ist in Form einer zweispaltigen Tabelle aufgebaut. Die linke Seite heißt Aktivseite (Aktiva), die rechte Passivseite (Passiva).

Aktiva	Passiva
Anlagevermögen	Eigenkapital
Umlaufvermögen	Fremdkapital
Bilanzsumme	Bilanzsumme

Auf der Aktivseite werden alle Vermögenswerte des Betriebes erfasst und in einer vorgegebenen Reihenfolge niedergeschrieben. Die Werte werden addiert und ergeben die Bilanzsumme, also den Gesamtwert des Vermögens.

Als Nächstes wird festgestellt, aus welchen Quellen das Kapital ursprünglich stammt, das für die Anschaffung von Vermögenswerten verwendet wurde. Die Kapitalquellen werden auf der Passivseite der Bilanz aufgeführt. Grundsätzlich kann das Kapital, das im Unternehmen investiert wurde, von den Eigentümern stammen bzw. ihnen zustehen. Dann handelt es sich um Eigenkapital. Wurde es von anderen Kapitalgebern – z. B. von Banken, Käufern von Anleihen des Unternehmens oder Lieferanten – zur Verfügung gestellt, handelt es sich um Fremdkapital.

Fakt Nr. 81

Vom Grundsatz her muss das gesamte Vermögen aus bestimmten Quellen finanziert worden sein. Demzufolge muss der Wert des Vermögens genau dem Wert des eingesetzten Kapitals entsprechen. Die Summen beider Spalten stimmen also überein.

Zieht man vom gesamten Vermögen (Bruttovermögen) die Schulden (Fremdkapital) ab, erhält man das Nettovermögen, das exakt dem Eigenkapital entspricht.

Die Unterteilung in Anlage- und Umlaufvermögen geschieht wie folgt:

- Das Anlagevermögen ist zum längerfristigen Verbleib im Betrieb bestimmt (z. B. Maschinen, Gebäude).
- Das Umlaufvermögen dient zum Verbrauch (Material, Geld, Vorräte).

Die Bilanz stellt immer die Werte zu einem bestimmten Stichtag (dem ersten bzw. dem letzten Tag des Geschäftsjahres) gegenüber. Alle Werte können sich demzufolge bis zu dem Tag, an dem die Bilanz schließlich aufgestellt wird – das wird zumeist etwa vier bis sechs Wochen nach dem Bilanzstichtag sein–, wieder geändert haben.

Die Bewertung der einzelnen Größen in der Bilanz folgt bestimmten Grundsätzen, sollte also frei von Willkür sein. Diese Grundsätze entsprechen den GoB, werden aber im Handelsgesetzbuch und im Steuerrecht weiter spezifiziert. Demgemäß gilt:

- Alle Vermögenswerte sind mit den Anschaffungskosten zu bewerten. Wurden die Vermögensgegenstände selbst hergestellt (z. B. wenn ein Baubetrieb für sich selbst eine Garage für Baumaschinen errichtet), treten die Herstellungskosten an die Stelle der Anschaffungskosten. Bei den abnutzbaren Wirtschaftsgütern des Anlagevermögens (das sind fast alle, außer z. B. Grund und Boden oder Finanzanlagen) ist der Wert der Güter um die Abschreibungen zu vermindern.

- Abschreibungen werden in der Regel im Voraus geplant und sind in einem Abschreibungsplan (Anlagespiegel) darzulegen. Außerplanmäßige Abschreibungen müssen vorgenommen werden, wenn sich der Wert des Wirtschaftsgutes durch ungewöhnliche oder nicht planbare Ereignisse reduziert (z. B. wenn ein Wohngrundstück durch die Verlegung einer Durchgangsstraße an Wert verliert oder wenn Materialvorräte durch einen deutlichen Preisverfall nicht mehr den ursprünglichen Wert haben). Damit treffen die planmäßigen Abschreibungen das Anlagevermögen, während außerplanmäßige Abschreibungen sämtliche Vermögensgegenstände, also auch das Umlaufvermögen, betreffen können.
- Auf der Passivseite ist das Eigenkapital mit dem Nennbetrag, die Verbindlichkeiten sind mit dem Rückzahlungsbetrag anzusetzen.

Ein Fremdkapitalposten in der Bilanz sind die Rückstellungen. Die Bildung von Rückstellungen regelt der § 249 HGB. Rückstellungen werden vor allem für solche Verbindlichkeiten gebildet, die mit hoher Wahrscheinlichkeit erwartet werden, deren Eintrittszeitpunkt und/oder deren Höhe jedoch ungewiss sind. Wenn der Grund für die Bildung der Rückstellung entfallen oder wenn das Ereignis eingetreten ist, werden sie wieder aufgelöst.

Beispiel

Die Stahlschrank GmbH wird wegen eines aufgebrochenen Schrankes aus ihrer Produktion auf Schadenersatz verklagt. Sie bildet eine Rückstellung in Höhe der erwarteten Prozesskosten und des eingeklagten Schadenersatzes.

Zwei Jahre später wird die Klage letztinstanzlich abgewiesen. Die Stahlschrank GmbH löst die Rückstellung wieder auf.

Hätte die Stahlschrank GmbH den Prozess verloren, wären die entsprechenden Kosten angefallen. Auch dann wäre die Rückstellung aufgelöst worden.

Durch die Bilanzierung lässt sich das Ergebnis des Betriebes indirekt ermitteln: Ist beim Aufstellen der Bilanz mehr Vermögen vorhanden, als Finanzierungsquellen ausgewiesen werden, muss die Differenz ein Gewinn sein, der letztlich als Eigenkapitalposition (Bilanzgewinn) in die Bilanz aufgenommen wird. Um eine Eigenkapitalposition handelt es sich deshalb, weil der Gewinn den Eigentümern zusteht und nicht an eine Bank oder an sonstige Gläubiger zurückgezahlt werden muss.

Sind im Gegensatz dazu die Finanzierungsquellen größer als das am Ende des Geschäftsjahres vorhandene Vermögen, so hat der Betrieb einen Verlust erwirtschaftet. Der entsprechende Jahresfehlbetrag mindert das Eigenkapital.

Die Gewinn- und Verlustrechnung

Wie es der Name schon sagt, weist die Gewinn- und Verlustrechnung das Ergebnis des Unternehmens nach. Sie ist eine Rechnung, die sich auf einen Zeitraum bezieht, nicht auf einen speziellen Zeitpunkt, wie die Bilanz. Während in der Bilanz durch Vergleich des Nettovermögens am Beginn und Ende des Geschäftsjahres festgestellt werden kann, ob ein Gewinn oder Verlust erwirtschaftet wurde, zeigt die Gewinn- und Verlustrechnung detailliert auf, auf welche Weise das

Ergebnis erwirtschaftet wurde. Auch hier schreibt das Handelsgesetzbuch detailliert vor, wie die Rechnung aufgebaut ist.

Eine Gewinn- und Verlustrechnung ist prinzipiell folgendermaßen aufgebaut:

	Umsatzerlöse
–	Materialaufwand
=	Rohertrag
–	Personalaufwand
–	sonstiger Aufwand (ohne Abschreibungen)
=	EBITDA (Earnings before Interest, Taxes, Depreciation and Amortization)
–	Abschreibungen
=	Betriebsergebnis (EBIT)
+/–	Neutrales Ergebnis (Finanzergebnis)
=	Ergebnis der gewöhnlichen Geschäftstätigkeit (operatives Ergebnis)
+/–	außerordentliches Ergebnis
–	Steuern von Einkommen und Ertrag
=	Jahresüberschuss/Jahresfehlbetrag

Fakt Nr. 82
Je nachdem, was das Ziel der Untersuchung ist, ist entweder der Jahresüberschuss entscheidend oder eine der Zwischengrößen der Gewinn- und Verlustrechnung. Der Jahresüberschuss steht den Eigentümern nach Abzug der Steuern und der Zahlungen an andere Kapitalgeber (Bankzinsen) zur Verfügung. Das EBIT (Earnings before Interest and Taxes) zum Beispiel ermöglicht Vergleiche zwischen unterschiedlich finanzierten Unternehmen.

In die Gewinn- und Verlustrechnung dürfen nur die Erträge und Aufwendungen einfließen, die in der Berichtsperiode entstanden sind. Daher müssen Zahlungen, die bereits für kommende Perioden geleistet wurden (z. B. Mietvorauszahlungen) abgegrenzt werden. Auf der anderen Seite gibt es Erträge und Aufwendungen, die zwar noch nicht zu konkreten Zahlungen geführt haben, jedoch in die Periode gehören, die mit der Gewinn- und Verlustrechnung abgeschlossen wurde. Diese zeitlichen Abgrenzungen erfolgen in der Regel über sogenannte Rechnungsabgrenzungsposten.

Die Entscheidung darüber, ob ein erwirtschafteter Gewinn ausgeschüttet wird, etwa im Fall einer Aktiengesellschaft in Form einer Dividendenzahlung – , ob er in die Rücklagen eingestellt oder auf neue Rechnung vorgetragen wird, liegt bei den Eigentümern.

Anhang und Lagebericht

Bilanz und Gewinn- und Verlustrechnung sind relativ kurz und übersichtlich. Das führt aber auch dazu, dass nicht sämtliche Informationen, die für einen externen Leser wichtig sind, in diesen beiden Zahlenwerken zu finden sind.

> Fakt Nr. 83
> Der Jahresabschluss hat unter Beachtung der Grundsätze ordnungsgemäßer Buchführung „ein den tatsächlichen Verhältnissen entsprechendes Bild der Vermögens-, Finanz- und Ertragslage" zu vermitteln (HGB § 264 Abs. 2). Die Angaben, die dazu erforderlich sind, werden im Anhang und im Lagebericht gemacht.

Kapitalgesellschaften sind verpflichtet, einen Anhang und einen Lagebericht zu erstellen.

Anhang

Im Anhang werden Posten der Bilanz und der Gewinn- und Verlustrechnung im Hinblick auf bestimmte Inhalte oder die angewendeten Bewertungsmethoden erläutert. Was kann nun Bestandteil des Anhangs sein? Wesentliche Punkte sind u. a.

- die Anzahl der im Jahresdurchschnitt beschäftigten Arbeitnehmer;
- die Haftungsverhältnisse;
- sonstige finanzielle Verpflichtungen, die in der Bilanz nicht auftauchen (z. B. Leasingverpflichtungen, Hinweise zu Ergebnisabführungsverträgen u. Ä.);
- Erläuterungen zu einzelnen Posten von Bilanz und Gewinn- und Verlustrechnung;
- die Namen der Mitglieder von Vorstand und Aufsichtsrat;
- die Gesamtbezüge an der Mitglieder von Vorstand und Aufsichtsrat einschließlich etwaiger vom Unternehmen an sie vergebenen Kredite;
- Erläuterungen zu den Rückstellungen.

Diese Liste ist nicht vollständig. Die erforderlichen Angaben schwanken auch nach der Größe der Kapitalgesellschaft. § 288 HGB gewährt größenabhängige Erleichterungen.

Da der Anhang kein standardisiertes Zahlenwerk wie Bilanz und Gewinn- und Verlustrechnung ist, ist der Spielraum für Formulierungen relativ groß. Üblicherweise wird der Anhang in die folgenden Abschnitte gegliedert:

- allgemeine Angaben zu den gewählten Bilanzierungs- und Bewertungsmethoden,
- Erläuterungen zur Bilanz und zur Gewinn- und Verlust-Rechnung,
- sonstige Angaben (Haftungsverhältnisse, Angaben zu Aktien im eigenen Bestand, verbundene Unternehmen usw.),
- die Namen der Organmitglieder.

Anlagenspiegel

Kapitalgesellschaften sind darüber hinaus verpflichtet, einen Anlagenspiegel zu erstellen. Hier geht es nicht um Geldanlagen, sondern um die strukturierte Aufstellung der im Anlagevermögen des Unternehmens gebundenen Vermögenswerte. Der Anlagenspiegel ist klassischerweise Bestandteil des Anhangs. Er kann aber auch der Bilanz selbst angegliedert werden. Ausgehend von den historischen Anschaffungs- oder Herstellungskosten, werden Zu- und Abgänge sowie Zuschreibungen und Abschreibungen erfasst:

Bilanzposten	Ansch./Herstellungskosten	Zugänge	Abgänge	Umbuchungen	Abschreibungen kumuliert	Zuschreibungen	Buchwert am Jahresende	Abschreibungen des Jahres
Summe								

Was lässt sich aus einem Anlagenspiegel ablesen? Er weist nicht nur aus, wie hoch der Buchwert der Anlagen am Ende des Jahres ist, der in die Bilanz übernommen wird, sondern man kann auch sehen, wie er sich zusammensetzt. In den Anlagenspiegel werden sämtliche Posten aufgenommen, die auch in der Bilanz unter der Position Anlagevermögen aufgeführt sind. Angefangen mit den immateriellen Vermögensgegenständen über sämtliche anderen Positionen des Anlagevermögens bis hin zu den Wertpapieren des Anlagevermögens – für jede Position findet sich im Anlagenspiegel eine Spalte, bevor alle Werte aufsummiert werden.

Darüber hinaus lassen sich u. a. die folgenden Schlüsse ziehen:

- Sind die jährlichen Abschreibungen höher oder niedriger als die Investitionssumme? Wird mehr abgeschrieben als neu investiert, wird rein rechnerisch der Verschleiß von Anlagevermögen nicht ausgeglichen.
- Sind die kumulierten Abschreibungen höher als 50 Prozent der Anschaffungs- oder Herstellkosten? Ist das der Fall, ist das Anlagevermögen tendenziell veraltet.
- Ist das Anlagevermögen durch Verkäufe oder Verschrottung (= Abgänge) vor Ablauf der ursprünglich angesetzten Nutzungsdauer verringert worden?

Wird beispielsweise durch Sonderabschreibungen oder degressive Abschreibungen (die ab 2008 für neu angeschaffte Wirtschaftsgüter nicht mehr zulässig sind) schneller abgeschrieben, als der tatsächliche Wertverlust durch Verschleiß ist, bilden sich stille Reserven. Das kann in den Folgejahren zu höheren ausgewiesenen Gewinnen führen.

Beispiel

Zahnarzt Dr. Klemke hat sich „aus Steuergründen" ein Mehrfamilienhaus in einem ausgewiesenen Sanierungsgebiet gekauft. Er nutzt Sonderabschreibungsmöglichkeiten, sodass das Haus innerhalb von zwölf Jahren abgeschrieben ist. Tatsächlich wird das Haus auch nach diesem Zeitraum noch voll nutzbar sein.

In den ersten zwölf Jahren verringert sich das Einkommen von Dr. Klemke durch die hohen Abschreibungen. Aber auch nach Ablauf der ersten zwölf Jahre nimmt er vergleichbare Mieten ein, kann steuerlich aber keine Abschreibungen mehr geltend machen. Damit erhöht sich sein zu versteuerndes Einkommen.

Selbstverständlich ist Dr. Klemke keine Kapitalgesellschaft. Das „Sparen" von Steuern, das eigentlich nur ein Hinausschieben ist, verdeutlicht das Beispiel aber sehr gut. Bei Kapitalgesellschaften wirken hohe, über den eigentlichen Verschleiß hinausgehende Abschreibungen auf die gleiche Weise.

Aus dem durchschnittlichen Alter der Vermögensgegenstände lässt sich auf die Wahrscheinlichkeit kurzfristiger Investitionen und demnach auf die erforderliche Bereitstellung von Liquidität schließen.

Lagebericht

Der Lagebericht ergänzt die Informationen im Jahresabschluss. In ihm geht die Geschäftsführung auf den allgemeinen Geschäftsverlauf und die Lage der Kapitalgesellschaft ein. Wesentliche Bestandteile des Lageberichts sind:

- ein Bericht über Vorgänge mit besonderer Bedeutung nach Abschluss des Geschäftsjahres (Nachtragsbericht). Auf diese Weise können wesentliche Dinge, die zum Zeitpunkt der Erstellung des Jahresabschlusses schon bekannt sind, jedoch keinen Einfluss mehr auf die Darstellung des alten Geschäftsjahres hatten, berücksichtigt werden;

Beispiel

Das Softwareunternehmen Kay Bord & Partner GmbH hat das alte Geschäftsjahr mit wenig befriedigenden Ergebnissen abgeschlossen. Im Lagebericht weist der Geschäftsführer darauf hin, dass es im Januar gelungen ist, einen Auftrag zu akquirieren, der die Kapazitäten bis zum Herbst auslastet und einen Gewinnsprung erwarten lässt.

- ein Bericht über die voraussichtliche Entwicklung (Prognosebericht). Hier kann auch auf die Rahmenbedingungen der wirtschaftlichen Tätigkeit eingegangen werden. So ist z. B. für eine Wohnungsgesellschaft die künftige demografische Entwicklung ihres Einzugsgebietes immens wichtig;
- ein Bericht über die Risiken der künftigen Entwicklung. Ein solcher Risikobericht ist zwingend erforderlich.

Der Lagebericht lässt Raum für Interpretationen, Erklärungen, Branchenvergleiche und sonstige subjektive Darstellungen. Er ist nicht an bestimmte Formvorschriften gebunden und damit auch ein Mittel zur Pflege der Beziehungen zu den Kapitalgebern (Investor Relations).

Der Umfang ist der Geschäftsführung überlassen. Aber man sollte sich auch hier auf das Wesentliche beschränken und nicht mehr als 10 bis maximal 15 Seiten vorsehen. Andernfalls kann eher eine gegenteilige Wirkung erreicht werden, da der Leser zu dem Schluss gelangen könnte, dass wortreich von Problemen abgelenkt werden soll.

Bestätigungsvermerk

Ein Jahresabschluss wird von der Geschäftsführung unterschrieben, die damit auch die Verantwortung übernimmt. Je nach der Größe des Unternehmens erfolgt eine Bestätigung durch den Steuerberater (in der Regel ein eingeschränkter Vermerk, der lediglich die Einhaltung der GoB bestätigt) oder durch den Abschlussprüfer (Wirtschaftsprüfer).

> Fakt Nr. 84
> Die Bestätigung des Jahresabschlusses durch den Abschlussprüfer bzw. die Wirtschaftsprüfungsgesellschaft entbindet die Geschäftsleitung nicht von ihrer Verantwortung. Ein Wirtschaftsprüfer kann immer nur Stichproben vornehmen und sich einen Gesamteindruck verschaffen.

Sollte sich im Rahmen der Abschlussprüfung herausstellen, dass Risiken bestehen, die den Fortbestand des Unternehmens gefährden, sind diese gesondert aufzuführen. Aus dem Bestätigungsvermerk muss außerdem hervorgehen, ob die Risiken der zukünftigen Entwicklung zureffend dargestellt sind.

Jahresabschlüsse richtig lesen

Die Analyse von Jahresabschlüssen, zumal wenn es sich um fremde Unternehmen handelt, ist eine Wissenschaft für sich. Sie erfordert viel Erfahrung, da aus den stark komprimierten

Aussagen des Jahresabschlusses möglichst treffende Schlussfolgerungen gezogen werden müssen.

Zwei Fragen stehen dabei im Vordergrund:

1 Wird das Unternehmen in absehbarer Zeit (weiterhin) in der Lage sein, solche Erträge zu erwirtschaften, dass Gewinne zu angemessenen Leistungen an die Eigentümer führen? An der Ertragskraft sind insbesondere die Eigentümer interessiert.

2 Wird das Unternehmen (weiterhin) einen positiven Cashflow erwirtschaften? Aus dem Cashflow werden Zinsen gezahlt und Kredite getilgt. Banken und sonstige Fremdkapitalgeber sind vor allem an der Zahlungsfähigkeit interessiert. Kurzfristig ist es dabei nicht erforderlich, dass Gewinne erwirtschaftet werden.

Beispiel

Die Kay Bord & Partner GmbH hat im letzten Jahr einen Verlust von 20 000 € gemacht, eine eher unerfreuliche Tatsache. Jedoch hat sich gegen Jahresende Eduard Pfau in die GmbH eingekauft und seinen Anteil von 25 000 € bar erbracht. Die Liquidität der Kay Bord & Partner GmbH ist vorerst gesichert.

Je nach Position des Analysten stehen also andere Fragen im Mittelpunkt.

Fakt Nr. 85
Die Aussagekraft eines Jahresabschlusses kann durch eine gezielte Aufbereitung und Auswertung der Daten erhöht werden. Diese sogenannte Jahresabschlussanalyse hilft vor allem externen Adressaten, die tatsächliche Lage des Unternehmens besser einzuschätzen.

Jede Analyse hat ihre Grenzen

Keine Analyse kann besser sein, als die Daten, die ihr zugrunde liegen. Das gilt auch die Jahresabschlussanalyse, denn

- die Informationen beziehen sich auf das abgelaufene Geschäftsjahr, sind also vergangenheitsbezogen;
- die Informationen sind unvollständig. Der Jahresabschluss ist finanzorientiert. Bis auf die Informationen aus Anhang und Lagebericht gibt es keine Auskünfte beispielsweise über die Unternehmensstrategie oder die Qualifikation der Mitarbeiter;
- durch „Bilanzpolitik" können (im Rahmen der gesetzlichen Möglichkeiten) Informationen bewusst beeinflusst worden sein. Das gilt insbesondere dann, wenn sich die Informationen – wie in der Bilanz – auf einen Stichtag beziehen. Diese Beeinflussung wird auch *Window dressing* genannt.

Beispiel

Die Kay Bord & Partner GmbH stellt noch kurz vor dem Bilanzstichtag diverse Rechnungen, um ihren Forderungsbestand zu erhöhen.

Die Wohnungsgesellschaft Plattes Land reduziert durch vorsichtige Bewertung den ausgewiesenen Wert eines Teils ihrer Immobilien. Das führt zu außerplanmäßigen Aufwendungen und damit zu einem reduzierten Gewinn sowie einer geringeren Steuerlast.

Generell lohnt eine Jahresabschlussanalyse nur, wenn man die ermittelten Werte vergleichen kann, entweder mit Werten aus der Vergangenheit (man stellt somit eine Zeitreihe zusammen) oder mit entsprechenden Kennzahlen anderer Unternehmen aus derselben Branche.

Kennzahlen zur Bilanz

Bilanzkennzahlen erlauben Aussagen über die Entwicklung der Vermögensverhältnisse und über die Art und Weise der Finanzierung eines Unternehmens. Zu beachten ist immer, dass die Daten zumeist schon einige Monate, manchmal auch schon über ein Jahr alt sind. Dennoch lassen sich wichtige Entwicklungen gut ablesen.

> Fakt Nr. 86
> Bilanzkennzahlen können vertikale Kennzahlen sein, die die Verhältnisse auf jeweils einer Seite der Bilanz ausdrücken. Eine andere Version sind horizontale Kennzahlen, die Positionen der Aktivseite mit Positionen der Passivseite vergleichen.

Vermögensstruktur

Hier geht es um die Frage, wie das Gesamtvermögen des Betriebes aufgeteilt ist. Zu diesem Zweck werden einzelne Vermögenspositionen ins Verhältnis zur Bilanzsumme, also zum Gesamtvermögen, gesetzt:

$$\text{Anlageintensität} = \frac{\text{Anlagevermögen}}{\text{Gesamtvermögen}} \times 100$$

Die Gegenposition ist die Umlaufintensität, bei der das Umlaufvermögen zum Gesamtvermögen ins Verhältnis gesetzt wird. Beide Kennzahlen ergänzen sich immer zu 100 Prozent, sodass es ausreicht, eine von beiden zu bestimmen.

Was lässt sich aus diesen Kennzahlen schließen? Eine hohe Anlageintensität lässt auf einen hohen Anteil an Fixkosten schließen: Das Anlagevermögen ist zumeist langfristig gebunden, ein wesentlicher Aufwandsfaktor sind demzufolge die Abschreibungen. Diese wiederum ändern sich nicht, auch wenn weniger auf den Maschinen produziert wird. Tendenziell heißt das: Das Unternehmen ist nicht sonderlich anpassungsfähig.

Beispiel

Die S & R GmbH hat sich für einen Auftrag eine Spezialmaschine zugelegt. Der erhoffte Folgeauftrag ist aber ausgeblieben. Die Spezialmaschine lässt sich erst nach diversen Anpassungsmaßnahmen für eine andere Produktlinie nutzen.

Sinkt im Zeitverlauf die Anlageintensität, sollte man folgendes überprüfen:

- Sinkt lediglich der Anteil des Anlagevermögens oder auch die absolute Höhe des Anlagevermögens? Geht das Anlagevermögen absolut zurück, könnte das daran liegen, dass notwendige Investitionen unterlassen wurden.
- Sinkt zwar der Anteil, bleibt die absolute Höhe aber konstant, so muss logischerweise das Umlaufvermögen gestiegen sein.
- Hat sich der Umsatz ebenfalls erhöht? Umsatzsteigerungen sind in der Regel auch mit Steigerungen des Bestandes an Material und Halbfertigerzeugnissen verbunden. Auch die Forderungen werden aufgrund des erhöhten Absatzes anwachsen.
- Falls sich der Umsatz nicht erhöht hat und das Umlaufvermögen trotzdem gestiegen ist: Welche Positionen ha-

ben diese Entwicklung verursacht? Handelt es sich um erhöhte Materialbestände, um „Ladenhüter" bei den Fertigprodukten, oder wurden die Forderungen nicht zügig eingetrieben?

Sie sehen, dass die Veränderung einer einzigen Kennzahl eine Vielzahl von Ursachen haben kann.

Selbstverständlich ist es auch möglich, nicht nur das Verhältnis zwischen Anlage- und Umlaufvermögen auf diese Weise zu kontrollieren, sondern die Analyse dadurch zu verfeinern, dass einzelne Positionen und deren Entwicklung im Verhältnis zur Bilanzsumme untersucht werden.

Kapitalstruktur

Ähnlich geht man bei der Analyse der Passivseite der Bilanz vor. Auch hier werden das Eigenkapital oder das Fremdkapital ins Verhältnis gesetzt zum Gesamtkapital, also der Bilanzsumme. Die entsprechenden Kennzahlen heißen

- Eigenkapitalquote und
- Fremdkapitalquote.

Auch hier gilt: Beide zusammen ergeben immer 100 Prozent.

Je mehr Eigenkapital, desto geringer ist die Abhängigkeit von Kreditgebern – so lautet zumindest eine grobe Faustregel. Aber auch hier gilt es, abzuwägen. Einerseits erhöht Eigenkapital die Sicherheit des Unternehmens, denn schließlich müssen auf Eigenkapital keine regelmäßigen Zinszahlungen erfolgen, und zurückgezahlt werden muss es auch nicht. Aber wo Licht ist, ist auch Schatten: Eigenkapitalgeber gehen ein höheres Risiko ein und erwarten deshalb eine Rendite auf ihr eingesetztes Kapital, die höher ist als der durchschnittliche Fremdkapitalzins. Darüber hinaus ist das Eigenkapital der Eigentümer zumeist begrenzt. Viele Investitionen werden erst durch die Aufnahme von Krediten (Fremdkapital) möglich.

Aktiv- und Passivseite: Die horizontalen Verbindungen

Der Vergleich von Aktiv- und Passivpositionen bringt ein Problem mit sich.

> Fakt Nr. 87
> Allein aus der Bilanz ist nicht ersichtlich, welche Vermögenswerte aus welchen Finanzierungsquellen bezahlt wurden. Horizontale Vergleiche von Positionen der Aktiv- und der Passivseite sind deshalb immer nur tendenzielle Aussagen. Man geht davon aus, dass bestimmte Relationen, die längere Zeit galten, auch in Zukunft gelten werden.

Interessant sind bei horizontalen Vergleichen einerseits der langfristige Bereich (Anlagedeckungsgrad), andererseits die kurzfristigen Liquiditätsgrade.

Welcher Grundgedanke liegt dieser Betrachtung zugrunde? Vermögenswerte, die langfristig im Unternehmen verbleiben, binden entsprechend langfristig Kapital.

Beispiel

Das Kapital, das beim Kauf einer Maschine gebunden wird, fließt erst im Lauf mehrerer Jahre durch den Verkauf der mithilfe der Maschine hergestellten Produkte zurück. Im Gegensatz dazu werden Materialvorräte relativ schnell umgeschlagen.

Aus Gründen der Sicherheit für das Unternehmen ist es erforderlich, dass langfristig benötigtes Vermögen auch aus Finanzierungsquellen finanziert wird, die langfristig zur Verfügung stehen.

Beispiel

Der Fuhrunternehmer Fuhrmann kauft sich einen LKW, der mindestens 6 Jahre genutzt werden soll. Er wird ihn sinnvollerweise nicht mit Hilfe des Kontokorrentkredites finanzieren oder gar kurzfristig fällige Verbindlichkeiten bei seinen Überlegungen „vergessen".

Die Vorgehensweise „langfristig gebundenes Vermögen muss auch langfristig finanziert sein" heißt Fristenkongruenz. Das Einhalten der Fristenkongruenz ist Gegenstand der „Goldenen Bilanzregel". Ausgedrückt wird die goldene Bilanzregel in der Kennzahl Anlagedeckungsgrad:

$$\text{Anlagedeckungsgrad} = \frac{\text{Eigenkapital} + \text{langfr. Fremdkapital}}{\text{Anlagevermögen}} \times 100$$

Zielgröße ist ein Anlagedeckungsgrad von > 100 Prozent. Das bedeutet, dass das tendenziell langfristig gebundene Anlagevermögen durch Eigenkapital und Fremdkapital, das ebenfalls langfristig zur Verfügung steht, finanziert wird.

Genauso wichtig ist es, einen Eindruck von der allgemeinen Liquiditätssituation des Unternehmens zu erhalten. Schließlich ist Illiquidität einer der häufigsten Gründe für Insolvenz. Auch hier gilt wieder: Die absolute Höhe der Liquidität lässt sich aus der Bilanz nicht ersehen. Der Bilanzstichtag liegt Monate zurück, und mittlerweile kann die Situation sich schon längst wieder geändert haben. Aber Tendenzen der vergangenen Jahre werden sich mit hoher Wahrscheinlichkeit fortsetzen. Ein Maß der Liquidität ist der sogenannte Liquiditätsgrad:

$$\text{Liqu.grad} = \frac{\text{liquide Mittel} + \text{kurzfr. Forderungen}}{\text{kurzfr. Verbindlichkeiten}} \times 100$$

Auch hier gilt, dass der Liquiditätsgrad mindestens 100 Prozent betragen sollte. In einem solchen Fall können kurzfristige Verbindlichkeiten – das sind im Wesentlichen die eingeräumten Zahlungsziele –, mit liquiden Mitteln und Forderungen, die voraussichtlich in den nächsten Tagen eingehen, abgedeckt werden.

Beispiel

Das Kontoguthaben der S & R GmbH beträgt 1 000 €. Sie hat offene Forderungen von etwa 23 000 €. Dem gegenüber stehen noch nicht bezahlte Rechnungen von etwa 18 000 €.

Der Liquiditätsgrad beträgt 24 000/18 000 = 133 Prozent.

Damit ist das Ziel erreicht.

Sowohl der Anlagedeckungsgrad als auch der Liquiditätsgrad kann im Einzelnen unterschiedlich definiert sein. Die hier vorgestellten Definitionen sind die allgemein gebräuchlichen.

Kennzahlen zur Gewinn- und Verlustrechnung – die Rentabilitäten

Die einzelnen Positionen der GuV wurden bereits weiter oben vorgestellt. Hier geht es nun um die Frage, in welchem Verhaltnis der Gewinn zu anderen Kennzahlen stehen sollte.

Fakt Nr. 88
Die absolute Höhe des Gewinns ist für die Beurteilung des Unternehmenserfolgs nur bedingt interessant. Entscheidend ist, mit welchem Kapitaleinsatz der Gewinn erzielt wurde. Das Verhältnis zwischen dem Ergebnis (Gewinn) und der dafür verantwortlichen Größe (eingesetztes Kapital) heißt Rentabilität oder Rendite. Eine hohe Rentabilität ist das eigentliche Ziel wirtschaftlicher Tätigkeit.

Rentabilitätskennzahlen

Eigenkapitalgeber, also die Eigentümer eines Unternehmens, erwarten für das von ihnen zur Verfügung gestellte Kapital eine „Belohnung", d. h. eine Dividende (bei der Aktiengesellschaft) oder eine Gewinnausschüttung (bei der Mehrzahl der anderen Unternehmensrechtsformen). Die entsprechenden Beträge stammen aus dem (versteuerten) Gewinn.

Demzufolge ist die Rechnung relativ einfach: Das Ergebnis des Kapitaleinsatzes ist der Jahresüberschuss, dafür eingesetzt wurde das Eigenkapital. Diese Relation ergibt die Eigenkapitalrendite:

$$\text{Eigenkapitalrendite} = \frac{\text{Jahresüberschuss}}{\text{Eigenkapital}} \times 100$$

Fremdkapitalgeber, in der Regel also Banken, erhalten für ihren Kapitaleinsatz Zinsen. Beides, der Jahresüberschuss und die Zinsen, müssen vom Unternehmen erwirtschaftet werden. Die Rendite des gesamten Unternehmens, die Gesamtkapitalrendite, ist damit folgendermaßen definiert:

$$\text{Gesamtkapitalrendite} = \frac{\text{Jahresüberschuss} + \text{Fremdkap.zinsen}}{\text{Eigenkapital} + \text{Fremdkapital}} \text{ x } 100$$

Die Gesamtkapitalrendite drückt aus, wie rentabel ein Unternehmen insgesamt ist. Ein Teil des erwirtschafteten Überschusses steht den Eigentümern zu, nämlich der Jahresüberschuss nach Steuern, ein Teil den Fremdkapitalgebern, nämlich die vereinbarten Zinsen.

In ein Unternehmen zu investieren, ist nur dann wirtschaftlich sinnvoll, wenn die Eigenkapitalrendite den eigenen Vorstellungen im Hinblick auf das einzugehende Risiko entspricht. Immerhin kann durch Verluste das eingesetzte Kapital auch verlorengehen.

Eine andere Form der Rentabilität ist die Umsatzrendite:

$$\text{Umsatzrendite} = \frac{\text{Jahresüberschuss}}{\text{Umsatzerlöse}} \text{ x } 100$$

Die Umsatzrendite zeigt den durchschnittlichen Anteil des Gewinns am Verkaufspreis an.

Beispiel

Der Umsatz der S & R GmbH beträgt 2 Mio. €, der Jahresüberschuss 100 000 €. Das ergibt eine Umsatzrendite von 5 Prozent. Folglich machen die Kosten 95 Prozent des Umsatzes aus.

Eine Kombination der hier genannten Kennzahlen ist der Return on Investment (ROI). Hier wird die Gesamtrentabilität des Unternehmens (berechnet nach der Formel EBIT/eingesetztes Kapital) in zwei Größen aufgeteilt:

- Zunächst bestimmt man die Umsatzrendite nach der oben genannten Formel.
- Als zweite Größe wird die Umschlagshäufigkeit des Kapitals ermittelt, d.h. der Umsatz im Verhältnis zum eingesetzten Kapital.

Man erweitert also die Grundformel mit dem Umsatz. Das Ergebnis ist interessant: Die Gesamtrentabilität resultiert einerseits aus dem Anteil des Gewinns am Umsatz, andererseits aus der Kapitalmenge, die zur Erwirtschaftung dieses Umsatzes erforderlich war. Nun kann man erkennen, ob die Steigerung der Rentabilität durch eine günstige Gewinnmarge (z. B. durch Kostensenkung bei konstantem Preis) oder durch einen verringerten Kapitaleinsatz bei gleichem Umsatz erreicht wurde.

Cashflow

Dieser Begriff ist schon mehrfach aufgetaucht. Was ist der Cashflow? Der Cashflow ist allein an Zahlungen orientiert. Die bisher genannten Kennzahlen gingen von Aufwänden und

Erträgen aus, die Basis des Cashflows sind hingegen Ein- und Auszahlungen.

Der Cashflow wird ermittelt, indem man alle Einzahlungen addiert und von der resultierenden Summe alle Auszahlungen abzieht. Er gibt damit an, in welcher Höhe liquide Mittel aus der Geschäftstätigkeit an das Unternehmen fließen. Diese Mittel stehen

- zur Schuldentilgung
- für Investitionen und
- zur Aufrechterhaltung der Liquidität

zur Verfügung.

> Fakt Nr. 89
> Der Cashflow ist eine zahlungsorientierte Kennzahl. Im Gegensatz zum Gewinn, in den auch nicht zahlungswirksame Größen (z. B. die Abschreibungen) einfließen, wird hier ermittelt, welche Geldmittel einem Unternehmen in einem bestimmten Zeitraum zugeflossen sind.

Der Cashflow ist das Geld, das dem Unternehmen aus dem Umsatz übrigbleibt. Die Hauptquelle sind die Geldzuflüsse aus dem Umsatz. Diesen stehen die Auszahlungen gegenüber, die zur Erzielung dieses Umsatzes erforderlich sind. Dazu zählen

- die Löhne und Gehälter
- der Materialaufwand
- sonstiger Baraufwand einschließlich der zu zahlenden Steuern.

Damit erhält man den Cashflow aus dem operativen Geschäft. Dieser kann dann u. a. zur Finanzierung von Investitionen verwendet werden (womit Zahlungsmittel abfließen). Die darüber hinaus erforderlichen Finanzmittel stammen aus anderen Finanzierungsmaßnahmen (z. B. Zahlungsmittelzufluss aus Kreditaufnahme).

Beispiel

Der Unterschied zwischen dem ausgewiesenen Gewinn und dem Cashflow wird an dem folgenden Beispiel deutlich:

Umsatz	10 000 €
Löhne und Gehälter	1 500 €
Materialaufwand	3 800 €
sonstiger barer Aufwand einschl. Steuern	1 200 €
Abschreibungen	2 100 €
Erhöhung der Rückstellungen (netto)	400 €
Summe der Aufwendungen	9 000 €
Gewinn nach Steuern	1 000 €

Achtung: Eine Auflösung von Rückstellungen (netto) erhöht den Jahresüberschuss (Gewinn), ohne dass jedoch Geld in die Kasse fließt. Der Cashflow bleibt unberührt.

Die direkte Ermittlung des Cashflows aus den Ein- und Auszahlungen ist nur unternehmensinternen Analysten möglich – woher soll ein Externer auch die Informationen über die Kontobewegungen bekommen? Deshalb wird der Cashflow meist indirekt aus dem Jahresüberschuss durch Rückrechnung bestimmt.

Anhand der Rechnung in dem obigen Beispiel lässt sich die indirekte Ermittlung des Cashflows nachvollziehen:

	Jahresüberschuss/Jahresfehlbetrag (nach Steuern und Zinsen)
+	Abschreibungen
–	ergebniswirksame Zuschreibungen
+	Erhöhung der langfristigen Rückstellungen
–	Verminderung der langfristigen Rückstellungen
=	Cashflow

Der Cashflow ist nicht besser und nicht schlechter als der Gewinn als Kennzahl. Beide Größen sind sinnvoll und haben ihre Berechtigung.

Fakt Nr. 90

Zur Beurteilung eines Unternehmens gibt es nicht „die" Kennzahl schlechthin. Erst die Kombination verschiedener Kennzahlen und damit die Analyse des Jahresabschlusses aus verschiedenen Blickwinkeln lässt eine angemessene Würdigung der wirtschaftlichen Verhältnisse eines Unternehmens zu.

Der Lotse an Bord – Controlling

Eine verbindliche Definition für Controlling gibt es nicht, aber ein allgemeines Verständnis. Diesem zufolge ist Controlling ein Koordinationsprozess aus

- der Versorgung mit Informationen (S. 232 ff.),
- der Planung (S. 234 ff.),
- der Steuerung (S. 242 ff.) und
- der Kontrolle (S. 247 ff.).

Dazu gehört auf der einen Seite die permanente Abstimmung der Prozesse im Unternehmen, auf der anderen Seite die Entwicklung und ständige Verbesserung der entsprechenden Systeme.

Aufgaben und Einordnung in das Unternehmen

Controlling: Mehr als nur Kontrolle

Was so ähnlich klingt, ist bei weitem nicht das Gleiche: Kontrolle ist zwar ein Bestandteil des Controllings, aber der Controller ist bei weitem nicht nur ein Kontrolleur. Das englische Wort *to control* lässt sich übersetzen mit „prüfen, regeln, überwachen". Im Gegensatz dazu wird das deutsche „kontrollieren" im Englischen mit *to check* oder *to examine* übersetzt. Lassen Sie sich also nicht verwirren: Controlling ist nicht allein Kontrolle, sondern man kann es als eine Form der kontrollierten Steuerung auffassen.

Die Stellung des Controllers

Die kontrollierte Steuerung, wie oben beschrieben, ist eine Aufgabe des zentralen Managements. Immerhin werden hier die Entscheidungen getroffen, die die Zukunft des Unternehmens betreffen. Controlling ist demnach eine umfassende und komplexe Führungsfunktion. Aber wozu braucht man dann eigentlich eine Controllingabteilung, den Controller?

Unternehmenssteuerung ist Managementaufgabe, aber das Management benötigt dazu speziell aufbereitete Informationen. Diese zu beschaffen, aufzubereiten und den Entscheidungsträgern zuzuleiten, ist die Hauptaufgabe des Controllings.

> Fakt Nr. 91
> Der Controller liefert die für die Unternehmenssteuerung notwendigen Daten. Er stellt die entsprechenden Systeme zur Verfügung und pflegt sie. Aufgabe des Controllings ist es auch, dafür zu sorgen, dass überhaupt geplant wird und dass die Aussagen strukturiert getroffen werden können.

Einfach ausgedrückt, könnte man das Verhältnis zwischen Controlling und Unternehmensführung wie folgt beschreiben:

- Das Management ist verantwortlich dafür, *was* geplant wird. Die Unternehmensführung trägt damit die Verantwortung für das Erreichen der geplanten Ergebnisse.
- Der Controller stellt die zur Unternehmensführung erforderlichen Daten und Systeme zur Verfügung. Er ist verantwortlich dafür, *wie* geplant wird, und sorgt für die erforderliche Transparenz.
- Beide gemeinsam arbeiten daran, dass die Unternehmensziele erreicht werden.

Die Rolle des Controllers im Unternehmen ist damit vergleichbar mit der des Lotsen an Bord: Der Controller erkennt rechtzeitig Untiefen und macht den Kapitän – die Unternehmensführung – darauf aufmerksam. Die Verantwortung liegt aber nach wie vor beim Kapitän. Der Lotse greift auch nicht direkt in das Geschehen ein, das wiederum ist die Aufgabe des Steuermanns, dessen Arbeitsplatz im Rechnungswesen angesiedelt ist. Alle drei gemeinsam sorgen für eine sichere Fahrt. Diese Aufgabenteilung zeigt, dass die Grenzen nicht immer scharf gezogen werden können. Das ist aber auch nicht wesentlich, solange das Unternehmen sicher geführt wird.

Wie steht der Controller in der Unternehmenshierarchie? In der Regel ist die Controllingabteilung eine klassische Stabsabteilung. Sie ist der Unternehmensführung zugeordnet und hat keine direkte Weisungsbefugnis untergeordneten Stellen gegenüber. In einigen Unternehmen steht die Controllingabteilung gleichrangig neben den Fertigungsbereichen. Auch hier untersteht sie direkt der Unternehmensführung und ist den anderen Bereichen nicht übergeordnet. Controller verstehen sich als interne Berater der Entscheidungsträger und als Navigatoren auf dem Weg zur Erreichung der Unternehmensziele.

Controller als Planer und Strategen

Böse Zungen behaupten, Planung sei nichts anderes als der Ersatz des Zufalls durch den Irrtum. Plane man nicht, überließe man alles dem Zufall. Plane man, wäre es der reine Zufall, wenn die geplanten Werte auch einträfen. So ganz falsch ist das nicht. Eine Berechnung der Zukunft ist nicht möglich. Es ist aber möglich, anhand von Daten möglichst gesicherte Informationen über die Zukunft zusammenzutragen.

Beispiele

Das Bauunternehmen Mörtel & Co. hat Voranfragen für zwei Bauvorhaben, die etwa die Hälfte seiner Kapazität für das kommende Jahr ausfüllen würden.

Die Personalkosten der S & R GmbH bewegen sich seit mehr als fünf Jahren immer um den gleichen Wert. Der Controller geht davon aus, dass das auch im Folgejahr so sein wird.

Je genauer die Informationen sind, desto besser wird die Planung die Zukunft widerspiegeln und das Risiko von Fehlentscheidungen einschränken.

Kann ein Controller auf Daten der vergangenen Jahre zurückgreifen, ist es leichter, auf die Zukunft zu schließen. Dabei sind jedoch u. a. die folgenden Punkte zu beachten:

- Nur wenige Daten lassen sich einfach fortschreiben, weil sie über längere Zeit konstant sind (z. B. Pachten).
- Oft lassen sich Trends – tendenzielle Auf- oder Abwärtsbewegungen – beobachten, die bei der Planung zu berücksichtigen ist.
- Langfristige Schwankungen (z. B. Zinsentwicklungen oder Entwicklungen der Konjunktur) beeinflussen das Ergebnis.
- In einigen Branchen sind kurzfristige Schwankungen (z. B. Sommer- und Winterkollektion) zu beachten.
- Trotz aller Daten werden immer wieder Schwankungen auftreten, die nicht im Voraus erkennbar sind. Hierfür sind entsprechende Reserven einzukalkulieren.

Fakt Nr. 92
Von der Planung abzugrenzen ist die Prognose, die lediglich erwartete Entwicklungen voraussagt. Die Planung ist insofern aktives Handeln, als durch die Vorgabe von Zielen künftige Entwicklungen aktiv gestaltet werden. So gibt es z. B. eine Wetterprognose, aber keine Wetterplanung. Jedoch kann man Erntemaßnahmen in der Landwirtschaft aufgrund der Wetterprognose planen.

Planung befasst sich mit künftigen Ereignissen. Demzufolge sind die Aussagen immer mit Unsicherheiten verbunden. Aber es ist besser, mit seinen Planungen ungefähr richtig zu liegen, als genau falsch!

Der Prozess der Planung besteht aus den folgenden Schritten:

1 Setzen von Zielen – was soll bis wann erledigt sein?

2 Erkennen von Prämissen, Rahmenbedingungen und allgemeinen Annahmen.

3 Durchdenken von Lösungsalternativen – welche Maßnahmen sind möglich und könnten sinnvoll sein?

4 Mit welchen Mitteln sollen die gesetzten Ziele erreicht werden? Stehen die Mittel auch zur Verfügung?

5 Festlegen von Terminen und Verantwortlichkeiten.

6 Bestimmen der voraussichtlichen Ergebnisse. Welche Wirkungen (Kosten, Nutzen) werden erreicht?

Beispiel

Wie kann man anhand vergangenheitsbezogener Daten einen ersten groben Kostenplan aufstellen? Nehmen Sie einmal an, dass die folgenden Werte der drei vergangenen Jahre vorliegen: Die Angaben zu den Kosten sind in Einheiten von 1000 € ausgedrückt, die Absatzzahlen in 1000 Stück.

Jahr	x – 3	x – 2	x – 1	Planjahr x
Plan-Personalkosten	80	82	84	?
Ist-Personalkosten	79	82	98	-
Plan-Pachkosten	60	60	81	?
Ist-Sachkosten	60	62	108	-
Planabsatz	400	460	620	815
Ist-Absatz	403	475	830	-

Weiterhin ist Ihnen bekannt: Im Vertrieb arbeiteten drei Mitarbeiter. Da von einem neuen Produkt deutlich mehr abgesetzt werden konnte als geplant, wurde zum 1. Juli des vergangenen Jahres ein zusätzlicher Mitarbeiter eingestellt.

Wie kann man vorgehen?

Die Personalkosten pro Mitarbeiter betragen 28 000 € (Plan: 84 000 € und drei Mitarbeiter, Ist: 98 000 € und im Jahresdurchschnitt 3,5 Mitarbeiter). Da jetzt vier Mitarbeiter beschäftigt werden, müssen Sie für das Planjahr von 112 000 € zuzüglich etwa bereits bekannter oder erwarteter Gehaltssteigerungen ausgehen.

Die Sachkosten betrugen 130 € pro 1000 abgesetzte Stück. Demnach sind bei einem geplanten Absatz von 815 000 Stück Sachkosten von rund 106 Mio. € zu planen.

Diese Rechnung setzt voraus, dass sich hinsichtlich der Kostenstruktur nichts Wesentliches verändert. Sollte das der Fall sein, müssten die Planzahlen angepasst werden.

In der operativen Tätigkeit lässt sich nur das umsetzen, was zuvor strategisch vorbereitet wurde.

Fakt Nr. 93
Die Aufgabe des strategischen Controllings besteht darin, künftige qualitative und quantitative Entwicklungen aufzuzeigen und zu beurteilen. Ziel ist die dauerhafte Sicherung der Existenz des Unternehmens. Das operative Controlling befasst sich hingegen mit der Umsetzung der strategischen Vorgaben.

Die Annahme, dass Controller mithilfe ihrer Zahlen lediglich Budgets festlegen und kontrollieren, ist zu kurz gegriffen. Mithilfe von Instrumenten wie der Portfolioanalyse, der Lebenszyklusanalyse, der Sensitivitätsanalyse oder der Szenariotechnik bereiten Controller Entscheidungen der Unternehmensführung vor, die strategische Aspekte berücksichtigen.

Dazu müssen sie sich zunächst über das grundlegende Ziel wirtschaftlicher Tätigkeit im Klaren sein.

> Fakt Nr. 94
> Der wirtschaftliche Erfolg eines Unternehmens drückt sich zunächst im Gewinn aus. Zumindest mittelfristig müssen die Erträge größer sein als die Aufwendungen. Zusätzlich muss jedoch berücksichtigt werden, mit welchem Kapitaleinsatz dieses Ergebnis erwirtschaftet wurde. Erfolgreich ist nur, wer auf das eingesetzte Eigenkapital eine höhere Rendite erwirtschaftet, als es bei einer Alternativinvestition mit vergleichbarem Risiko der Fall wäre.

Gibt es keinen Gewinn, ist es auch nicht möglich, eine positive Rendite auf das eingesetzte Kapital zu erwirtschaften. Die absolute Höhe des Gewinns ist jedoch nicht entscheidend. Vielmehr sollten die Renditeerwartungen der Eigentümer (= Eigenkapitalgeber) erfüllt werden, da anderenfalls der relative Wert des eingesetzten Kapitals sinkt.

Beispiel

Herr Rauch erwirtschaftet in seinem Unternehmen eine Eigenkapitalrendite von durchschnittlich 4 Prozent. Ein Großteil des erwirtschafteten EBIT ist zur Abdeckung von Zinszahlungen erforderlich. Aufgrund der geringen Eigenkapitalquote ist das unternehmerische Risiko nicht unerheblich.

Herr Rauch überlegt, dass es rein rechnerisch sinnvoller gewesen wäre, das Geld in risikolosen Bundeswertpapieren anzulegen. Dort hätte er die gleiche Rendite ohne Risiko und ohne den Einsatz eigener Arbeit erzielt.

Die letzte Konsequenz aus dem obigen Beispiel macht aber auch eines deutlich: Zwar geht man in der Betriebswirtschaft immer von rationalem Handeln aus, in der Praxis spielen aber andere Entscheidungsgründe eine Rolle – der langfristige Erhalt des Unternehmens, die Sicherung von Arbeitsplätzen, Selbstverwirklichung und vieles andere mehr.

Der Portfolioansatz

Der Portfolioansatz geht davon aus, dass es für ein Unternehmen sinnvoll ist, sich nicht nur auf ein einziges Produkt zu konzentrieren, sondern nach Möglichkeit immer ein Portfolio mit mehreren Produkten anzubieten. Auf diese Weise kann einerseits das Risiko gesenkt, andererseits das finanzielle Gleichgewicht dauerhaft gesichert werden. Der Portfolioansatz beruht auf den folgenden beiden Grundgedanken:

- Grundsätzlich kann ein Unternehmen nur existieren, wenn das gegenwärtige und zukünftige finanzwirtschaftliche Gleichgewicht gesichert ist. Es muss also immer Produkte verkaufen, die einen solch hohen Cashflow erzeugen, dass andere, zur gegebenen Zeit weniger ertragreiche Produkte subventioniert werden können.
- Weiterhin wird vorausgesetzt, dass Produkte bestimmte Lebenszyklusphasen durchlaufen und deshalb unterschiedlich zum Gesamtcashflow des Unternehmens beitragen.

Die normalen Lebenszyklusphasen sind

- die Entstehung,
- das Wachstum,
- die Reife und
- das Alter.

Unternehmen sind vor allem dann erfolgreich, wenn sie Produkte anbieten, die sich in verschiedenen Phasen befinden.

> Fakt Nr. 95
> In den ersten beiden Lebensphasen eines Produktes sind Gewinn und Cashflow zumeist noch negativ oder nur sehr gering. Erst in der Reifephase tragen die Produkte durch überdurchschnittliche Ergebnisse dazu bei, andere zu „subventionieren".

Aufbauend auf dem Lebenszyklusmodell, wurde von der Boston Consulting Group das folgende Modell des Marktwachstums-Marktanteils-Portfolios entwickelt (siehe dazu auch S. 46 ff.):

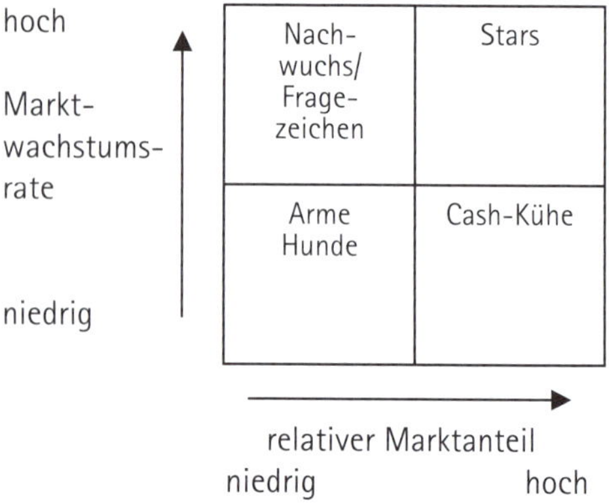

Überlegen Sie, in welchen Feldern der oben abgebildeten Matrix Ihre Produkte liegen. Dabei ist es sinnvoll, nicht nur ein oder zwei Felder zu belegen, denn sämtliche Felder der Matrix haben ihre Bedeutung für die Situation des Unternehmens:

- Nachwuchs/Fragezeichen: Das Produkt hat in einem Markt mit hohem Wachstum einen niedrigen Marktanteil. Sie haben einen hohen Bedarf an liquiden Mitteln, generieren aber selbst kaum einen positiven Cashflow. Hier ist anhand der erwarteten Gesamtentwicklung zu entscheiden, ob weiter investiert oder ob das Segment aufgegeben werden soll. Deshalb ist es mit einem Fragezeichen gekennzeichnet.
- Stars: Das Produkt wirft hohe Erträge ab, die aber benötigt werden, um in einem wachsenden Markt die Position zu halten oder zu verbessern. Der generierte Cashflow wird selbst benötigt.
- Cash-Kühe: Das Produkt wird so genannt, weil es einen hohen Cashflow erzeugt. Der Markt ist ausgereizt, es erfolgen keine großen Investitionen mehr. Der Cashflow kann für andere Produktgruppen eingesetzt werden.
- Arme Hunde: Hier empfiehlt sich mittelfristig ein Rückzug. Da aber nicht mehr investiert wird, kann der noch erwirtschaftete Cashflow an anderer Stelle verwendet werden.

Neben dem hier vorgestellten Lebenszyklus- und Portfolioansatz gibt es weitere strategisch orientierte Instrumente.

Fakt Nr. 96
Mit geeigneten Modellen unterstützt der Controller das Management bei strategischen Entscheidungen. Er stellt die erforderlichen Daten zusammen und legt sie dem Management vor. Auch die Pflege der Modelle im Sinne von wissenschaftlich untermauerten Entscheidungsvorschlägen gehört zu den Aufgaben des Controllers.

Operative Steuerung

Das Controlling greift nicht nur langfristig und strategisch orientiert, sondern auch operativ steuernd in die Unternehmensführung ein. Ein Hauptmerkmal guter Planung ist, dass sie die Abhängigkeiten innerhalb des Unternehmens berücksichtigt und zugleich die Verbindungen zum Markt beachtet.

Fakt Nr. 97
Das Controlling sammelt Informationen, die zu einer realitätsnahen Planung beitragen. Die Planzahlen werden in Budgets umgesetzt. Damit wird den einzelnen Unternehmenseinheiten die Verantwortung für Teilziele übertragen, deren Erreichung sie auch beeinflussen können.

Beispiel

Die Wohnungsgesellschaft Plattes Land stellt ihren Unternehmensplan für das folgende Jahr auf. Anhand der erwarteten Mieteinnahmen und der unvermeidlichen Kosten (Personalaufwand, Abschreibungen und so weiter) sowie der Anforderungen der technischen Abteilungen wird der Instandhaltungsaufwand geplant. In einem mehrstufigen Budgetierungsprozess wird das Instandhaltungsbudget für die Gesellschaft insgesamt und für einzelne Bereiche festgelegt.

Die Budgets stehen den Budgetverantwortlichen für das Folgejahr zur Verfügung und müssen abgerechnet werden.

Die Aufteilung allgemeiner Budgets in Einzelbudgets kann sowohl nach regionalen Gesichtspunkten (im obigen Beispiel etwa nach einzelnen Wohngebieten) als auch nach bestimmten Gewerken (z. B. Elektrotechnik, Bau, Fenster und Türen) erfolgen. Die Höhe des Instandhaltungsbudgets wird einerseits geprägt von den Anforderungen (wenn das Dach undicht ist, muss es repariert werden), andererseits von langfristigen, in die Planung aufgenommenen Entwicklungen (z. B. unterschiedlichen demografischen Entwicklungen in den einzelnen Wohngebieten) sowie von den finanziellen Möglichkeiten. Hier ist der Controller gefragt: Er sammelt die Daten und stellt die Querverbindungen her.

Controlling und Kostenrechnung

Die Kostenrechnung als Teil des betrieblichen Rechnungswesens und das Controlling gehören zueinander, obwohl die Ziele nicht dieselben sind.

- In der Kostenrechnung (Financial Accounting) werden die aufgelaufenen Kosten und die erzielten Leistungen laufend erfasst. Basis sind die Grundsätze der ordnungsmäßigen Buchführung, die Sichtweise ist vergangenheitsorientiert – welche Kosten sind wofür angefallen?
- Gegenstand des Controllings (Management Accounting) ist die Planung, Kontrolle und Steuerung des Unternehmensgeschehens auf der Basis der von der Kosten- und Leistungsrechnung erfassten Daten. Das Controlling schafft ein System von Planungs- und Kontrollrechnungen, der Blick ist in die Zukunft gerichtet.

Fakt Nr. 98
Einer der Schwerpunkte der Kostenrechnungen im Controlling ist die Berücksichtigung von fixen und variablen Kosten: Einerseits geht es darum, bei welchen abgesetzten Mengen der Break-Even-Point erreicht wird, d.h., wann die angefallenen Fixkosten gedeckt werden. Andererseits steht die Frage im Mittelpunkt, inwieweit die einzelnen fixen Gemeinkostenbestandteile zur Wertschöpfung im Unternehmen beitragen.

Der Deckungsbeitrag berechnet sich folgendermaßen:

	Umsatz
–	variable Kosten
=	Deckungsbeitrag

Der Break Even ist die Menge, bei der der Deckungsbeitrag größer wird als die Fixkosten. Er ist demzufolge die „Gewinnschwelle". Seine Berechnung erfolgt anhand der folgenden Formel:

$$\text{Break Even} = \frac{\text{gesamte Fixkosten}}{\text{Preis/Stück - var. Kosten/Stück}}$$

Beispiel

Die Fixkosten belaufen sich auf 50 000 €, der Preis pro Stück auf 6 €, die variablen Kosten pro Stück auf 4 €. Der Stückdeckungsbeitrag liegt also bei 2 €, die Schwelle zum Gewinn wird somit bei einer abgesetzten Menge von 25 000 Stück erreicht.

Aus der Break-even-Analyse lässt sich folgendes ableiten,

- Welches Ergebnis ist bei einer Änderung des Absatzes um x Stück zu erwarten?
- Wie wirken sich eventuelle Preisänderungen aus?
- Wo ist die wirtschaftlich sinnvolle Preisuntergrenze?

Wodurch lassen sich Deckungsbeiträge erhöhen? Das ist z. B. möglich durch

- höhere Erlöse durch höhere Preise oder geringere Rabatte (wenn sich das am Markt durchsetzen lässt);

- Senkung der variablen Kosten, vor allem der Personalkosten in der Fertigung durch kürzere Fertigungszeiten;
- Optimierung des Sortiments, d. h. Verlagerung der Schwerpunkte auf Produkte mit höheren Deckungsbeiträgen.

Der andere bzw. ergänzende Ansatz wäre: Entsprechen die Fixkosten, die zumeist in der Verwaltung, aber auch z. B. in Forschung und Entwicklung entstehen, den zu erbringenden Leistungen? Gemeinkosten sind, zumindest in bestimmten Spannen, nicht von der Leistung des Unternehmens abhängig.

Variable Kosten: Sie beziehen sich auf die gefertigte Menge. Ändert sich die Menge, muss auch das Kostenbudget als Vorgabe für die Budgetverantwortlichen geändert werden.

Fixkosten: Da sie unabhängig von der Menge anfallen, wird auch bei Mengenänderung das Budget nicht geändert. Damit entsprechen die Plan-Gemeinkosten auch dem Kostenbudget.

Beispiel

Geplante Menge	20 000 Stück
Geplante Gemeinkosten (fix)	45 000 €
Geplante variable Kosten	10 €/Stück
Gesamte variable Kosten	200 000 €
Das Kostenbudget setzt sich aus den fixen und den variablen Kosten zusammen und beträgt demnach	245 000 €

Wenn die hergestellte und abgesetzte Menge auf 22 000 Stück steigt, muss das Budget folgendermaßen angepasst werden:

Gemeinkosten (fix) bleiben konstant bei	45 000 €
variable Kosten (neu):	220 000 €
neues Kostenbudget:	265 000 €

Die Aufgabe des Controllings besteht darin, zu prüfen, inwieweit einzelne Gemeinkostenbestandteile zur Wertschöpfung im Unternehmen beitragen. Leider gibt es hierfür kein allgemeingültiges Konzept. Alle Gemeinkostenbestandteile sind einzeln zu überprüfen, und es ist zu überlegen, ob sie (eventuell auch vorübergehend) eingespart werden können.

Beispiele

Geplante Forschungs- und Entwicklungsaktivitäten werden hinausgeschoben.

Aus- und Fortbildungsmaßnahmen werden eingeschränkt.

Bestimmte repräsentative Ausgaben oder Sponsoringaktivitäten werden eingestellt.

Fakt Nr. 99
Die Möglichkeiten zur Einsparung von Fixkostenbestandteilen sollten sorgfältig analysiert werden. Sicherlich sind einige Kosten tatsächlich überflüssig. Oft aber führen Aufwendungen erst langfristig zu positiven Ergebnissen. Umgekehrt werden beispielsweise die negativen Auswirkungen von unterlassenen Fort- oder Ausbildungsmaßnahmen oft erst nach Jahren erkennbar.

Die Kontrollfunktion des Controllings

Was ist Kontrolle? Das Feststellen von Abweichungen und die Analyse der Ursachen dafür.

> Fakt Nr. 100
> Nur dann, wenn Abweichungen rechtzeitig erkannt werden, kann das Unternehmen rechtzeitig reagieren. Je nach ihrer Wichtigkeit sind die Daten in kürzeren oder längeren Abständen – z. B. wöchentlich oder jährlich, aber auf jeden Fall regelmäßig – zu überprüfen. Die Analyse der Abweichungen ermöglicht eine genauere Planung in der Zukunft.

Kontrolle sollte nicht vordergründig darauf ausgerichtet sein, Schuldige auszumachen, sondern aus Abweichungen Schlussfolgerungen für künftige Verbesserungen zu ziehen. Nur dann, wenn Abweichungen ein vorher festgelegtes Maß (als absolute Größe, z. B. in Euro, oder als relative Größe, z. B. als prozentuale Abweichung vom Planwert) überschreiten, sollten die entsprechenden Verantwortlichen auch informiert und Gegenmaßnahmen eingeleitet werden. Die Höhe dieser Toleranzgrenzen zu bestimmen, ist eine wichtige Aufgabe des Controllings. Basis dafür sind die möglichen Auswirkungen auf die Gesamtsituation des Unternehmens.

Beispiel

Die Wohnungsgesellschaft Plattes Land weiß, dass Leerstände ein entscheidender Risikofaktor sind. Für die Leerstandsquote hat sie die folgenden Toleranzgrenzen ermittelt:

- Eine Quote von bis zu 2 Prozent ist unkritisch.
- Eine Quote zwischen 2 und 6 Prozent lässt Ertragseinbußen erwarten.
- Eine Quote zwischen 6 und 10 Prozent hat schwerwiegende wirtschaftliche Auswirkungen und erfordert Sofortmaßnahmen.
- Eine Quote über 10 Prozent ist existenziell bedrohlich.

Für ein produzierendes Unternehmen könnte eine generelle Auswertung etwa wie folgt aussehen:

Kennziffer	Plan (T€)	Ist (T€)
Umsatz (gesamt)	4 000	3 900
* davon Produkt A	2 000	1 200
* davon Produkt B	2 000	2 700
Personalkosten	600	600
Materialkosten	2 000	1 500
sonstige Kosten	800	900
Überschuss	600	900

Zunächst fällt ins Auge, dass der Umsatz insgesamt zwar um 100 000 € gesunken, der vorläufige Gewinn (Überschuss) aber höher ausgefallen ist als geplant.

Das liegt daran, dass es zu deutlichen Verschiebungen im Sortiment gekommen ist: Der Absatz des Produkts A liegt weit unter Plan, Produkt B hat sich allerdings weit über Plan verkauft. Produkt B erfordert weniger Material, daher sanken die Materialkosten. Auf das Personal hatten die Sortiments- und Umsatzverschiebungen keinen Einfluss.

Warum die sonstigen Kosten gestiegen sind, müsste noch näher beleuchtet werden.

Der Controllingkreislauf

Vielleicht sind Sie enttäuscht, dass hier keine einfach umsetzbaren Instrumente genannt wurden, die lediglich noch mit den Zahlen des eigenen Unternehmens „gefüttert" werden müssen. Aber das ist nicht möglich – Controlling ist eben ein kreativer Prozess, der in den Unternehmen unterschiedlich gehandhabt wird.

Letztlich werden die folgenden Schritte durchlaufen:

- Festlegen von Sollgrößen (erreichbare und messbare Ziele),
- regelmäßige und systematische Erfassung der Ist-Werte bzw. Rückgriff auf die Daten des Rechnungswesens,
- Erforschen der Ursachen von Abweichungen,
- Vorschlagen und Festlegen von Maßnahmen gemeinsam mit der Geschäftsleitung,
- gegebenenfalls Neufestlegung oder Korrektur von Zielen (wenn sich herausstellt, dass Ziele aus den verschiedensten Gründen nicht mehr erreichbar sind, ist es kontraproduktiv, weiter daran festzuhalten).

Damit ist der Kreislauf geschlossen und beginnt von vorn. Wenn die Rahmenbedingungen sich nicht ändern und alle Leistungen zu den vorhergesehenen Zeitpunkten erbracht würden, dann müsste man auch nicht planen und kontrollieren. Dann wäre die Entwicklung des Unternehmens in jeder Hinsicht vorhersehbar!

Literatur

Geyer, Helmut: Praxiswissen BWL, Freiburg/München 2007

Geyer, Helmut/Ahrendt, Bernd: Crashkurs BWL, 3. Auflage, Freiburg/München 2005

Schierenbeck, Henner: Grundzüge der Betriebswirtschaftslehre, 16. Auflage, München/Wien 2003

Wöhe, Günter: Einführung in die Allgemeine Betriebswirtschaftslehre, 20. Auflage, München 2005

Wöltje, Jörg: Betriebswirtschaftliche Formelsammlung, Freiburg/München 2007

Stichwortverzeichnis

Bibliografische Information der Deutschen Bibliothek
Die Deutsche Bibliothek verzeichnet diese Publikation in der Deutschen Nationalbibliografie; detaillierte bibliografische Daten sind im Internet über http://dnb.ddb.de abrufbar.

ISBN 978-3-448-07983-8
Bestell-Nr. 00938-0001

Postanschrift: Postfach, 82142 Planegg
Hausanschrift: Fraunhoferstraße 5, 82152 Planegg
Fon (0 89) 8 95 17-0, Fax (0 89) 8 95 17-2 50
E-Mail: online@haufe.de
Internet: www.haufe.de
Redaktion: Jürgen Fischer

Gesamtbetreuung: Sylvia Rein, 81379 München
Lektorat: Sylvia Rein, Dr. Ute Gräber-Seißinger, 61118 Bad Vilbel
Umschlaggestaltung: Simone Kienle, 70182 Stuttgart
Umschlagentwurf: Agentur Buttgereit & Heidenreich, 45721 Haltern am See

Druck: freiburger graphische betriebe, 79108 Freiburg

Der Autor

Prof. Dr. Helmut Geyer

ist Professor für Allgemeine Betriebswirtschaftslehre an der Fachhochschule Jena. Darüber hinaus wirkt er als Dozent an der Bankakademie Frankfurt/ Main in den Fachgebieten Allgemeine Betriebswirtschaftslehre und International Finance. Zuvor war er viele Jahre für deutsche Großbanken in der Firmenkundenfinanzierung tätig.

Weitere Literatur

„Praxiswissen BWL. Crashkurs für Führungskräfte und Quereinsteiger", von Prof. Dr. Helmut Geyer, mit CD-ROM, 624 Seiten, € 39,80, ISBN 978-3-448-07479-6, Bestell-Nr. 01045-0001

„Crashkurs BWL", von Prof. Dr. Helmut Geyer und Bernd Ahrendt, mit CD-ROM, 215 Seiten, € 16,80, ISBN 978-3-448-07039-2, Bestell-Nr. 00798-0003

„Betriebswirtschaftliche Formelsammlung", von Prof. Dr. Jörg Wöltje, mit CD-ROM, 368 Seiten, € 29,80, ISBN 978-3-448-08016-2, Bestell-Nr. 01041-0002

TaschenGuides – Qualität entscheidet

Bereits erschienen:

Der Betrieb in Zahlen

- 400 € Mini-Jobs
- Balanced Scorecard
- Betriebswirtschaftliche Formelsammlung
- Bilanzen lesen
- Buchführung
- Businessplan
- BWL Grundwissen
- BWL – die 100 wichtigsten Fakten
- Controllinginstrumente
- Deckungsbeitragsrechnung
- Einnahmen-Überschussrechnung
- Finanz- und Liquiditätsplanung
- Die GmbH
- IFRS
- Kaufmännisches Rechnen
- Kennzahlen
- Kleines Lexikon Rechnungswesen
- Kontieren und buchen
- Kostenrechnung
- Kleine mathematische Formelsammlung

Mitarbeiter führen

- Besprechungen
- Führungstechniken
- Die häufigsten Managementfehler
- Management
- Managementbegriffe
- Mitarbeitergespräche
- Moderation
- Motivation
- Projektmanagement
- Spiele für Workshops und Seminare
- Teams führen

Karriere

- Assessment Center
- Existenzgründung
- Ich-AG – mit Gründerzuschuss selbstständig
- Jobsuche und Bewerbung
- Vorstellungsgespräche

Geld und Specials

- Sichere Altersvorsorge
- IGeL – Medizinische Zusatzleistungen
- Immobilien erwerben
- Immobilienfinanzierung
- Die neue Rechtschreibung
- Eher in Rente
- Web 2.0
- Zitate für Beruf und Karriere
- Zitate für besondere Anlässe

Persönliche Fähigkeiten

- Allgemeinwissen Schnelltest
- Ihre Ausstrahlung
- Business-Knigge – die 100 wichtigsten Benimmregeln
- Mit Druck richtig umgehen
- Emotionale Intelligenz
- Entscheidungen treffen
- Fitness für Beruf und Karriere
- Gedächtnistraining
- Glück!
- IQ-Tests
- Knigge für Beruf und Karriere
- Knigge fürs Ausland
- Kreativitätstechniken
- Manipulationstechniken
- Mind Mapping
- Nein sagen
- NLP
- Schneller lesen
- Selbstmanagement
- Sich durchsetzen
- Soft Skills
- Stress ade
- Verhandeln
- Yoga für Beruf und privat
- Zeitmanagement